MÎZÂN

Studien und Texte zur Literatur des Orients

Herausgegeben von
Petra Kappert

BAND 9

2001
Harrassowitz Verlag · Wiesbaden

Mirjam Weber

Der „wahre Poesie-Orient“

Eine Untersuchung zur Orientalismus-Theorie Edward Saids am Beispiel von Goethes „West-östlichem Divan“ und der Lyrik Heines

2001
Harrassowitz Verlag · Wiesbaden

Das von Anwārī al Ḥusaynī entworfene Signet auf dem Umschlag symbolisiert eine Waage.

Die Deutsche Bibliothek - CIP-Einheitsaufnahme
Ein Titeldatensatz für diese Publikation ist bei Der Deutschen Bibliothek erhältlich

Die Deutsche Bibliothek - CIP Cataloguing-in-Publication-Data
A catalogue record for this publication is available from Die Deutsche Bibliothek

e-mail: cip@dbf.ddb.de

Gedruckt auf alterungsbeständigem Papier.
Druck und Verarbeitung: WS Druckerei Werner Schaubruch GmbH, Bodenheim.
Printed in Germany

ISSN 0938-9024
ISBN 3-447-04195-1

Inhalt

Hinweise zur Umschrift

Die Umschrift der arabischen Namen entspricht dem Gebrauch der Deutschen Morgenländischen Gesellschaft[1]. Es werden folgende Zeichen für die im Deutschen fehlenden Laute bzw. mit einem vom Deutschen abweichenden Lautwert gebraucht:

ḏ stimmhafter, interdentaler Spirant wie th in engl. father, that.
ḍ velarisiertes d. Die Velarisierung besteht darin, daß der hintere Zungenrücken gegen den weichen Gaumen gehoben wird. Es entsteht dadurch eine gepreßte Artikulation.
ǧ stimmhafte, präpalatale Affrikata wie engl. g in gentlemen.
ġ stimmhafter, velarer Spirant, dem nicht gerollten Zäpfchen-r des Deutschen ähnlich.
h stimmloser, laryngaler Spirant wie deutsch h, jedoch auch im Silbenauslaut hörbar.
ḥ stimmloser, pharyngaler Spirant, durch Verengung der Stimmritze mit gleichzeitiger Hebung des Kehlkopfes erzeugt.
ḫ stimmloser, velarer Spirant wie ch in deutsch flach (nie wie ch in deutsch ich).
q stimmlose, postvelare Okklusiva. Velarisierte Entsprechung von k.
r gerolltes Zungenspitzen-r.
s stimmloser Sibilant wie deutsch ss in müssen (nie stimmhaft wie s in deutsch sagen).
š stimmloser Zischlaut wie deutsch sch in schön.
ṣ velarisiertes s.
ṯ stimmloser, interdentaler Spirant wie th in engl. think.
ṭ velarisiertes t.
w hinterer gerundeter Halbvokal, bilabial wie engl. w in with (nicht labiodental wie deutsch w).
y vorderer ungerundeter Halbvokal wie deutsch j in ja.
z stimmhafter Sibilant wie deutsch s in Gemüse.
ẓ velarisiertes z.
ʾ explosiver Glottisöffnungslaut (glottal stop), wie er im Deutschen im vokalischen Anlaut, z.B. in 'aber oder intervokalisch in be'achten gesprochen wird. Der Laut kommt im Arabischen auch im Silbenschluß vor.
ʿ stimmhafter, pharyngaler Spirant, stimmhafte Entsprechung zu h.
ā,ī,ū der Strich über einem Vokal bezeichnet dessen lange Aussprache.

1 Übernommen von Ewald Wagner, Grundzüge der klassischen arabischen Dichtung, Bd. I und II, Darmstadt 1988.

Einleitung

Obwohl das Erscheinen von Edward Saids Werk „Orientalismus" mittlerweile 17 Jahre zurückliegt, dauern die Kontroversen um seine Thesen bis heute an. Unbestritten ist, daß Said zu einem wichtigen Vertreter des „Post-Colonialism" wurde. „Orientalismus" als Methode definiert er folgendermaßen:

> Der Orientalismus ist [...] ein bestimmter Wille oder eine Absicht, das zu verstehen oder in einigen Fällen zu kontrollieren, zu manipulieren und sich selbst einzuverleiben, was eine deutlich andere (oder alternative oder neue) Welt ist.[2]

Zwar bezieht sich Said hauptsächlich auf den wissenschaftlichen universitären Zweig der Orientalistik, wenn er seine These historisch belegt, doch sind neben sämtlichen wissenschaftlichen Disziplinen auch politische Vorgehensweisen wie literarische Fiktionen dem Orientalismus zuzuordnen, wenn sie die „andere" Welt in einer autoritären Weise zu repräsentieren oder zu dominieren versuchen. Saids Orientalismus-Konzept liegen einige Thesen von Michel Foucault zugrunde, die hier knapp dargelegt werden sollen. Foucault sieht das Abendland durch eine Reihe grundlegender Dichotomien charakterisiert, die vielfältige gesellschaftliche Bereiche gestalten und strukturieren. So nennt er „Wahnsinn" das „Andere" der „abendländischen Vernunft". In diesen Bereich gehören auch Traum und Sexualität.[3] Sie wiederzufinden, sei Ziel der „großen nietzscheanischen Forschung". Wie der Wahnsinn das Andere der Vernunft darstelle, so sei der Orient topographisch der Ort des „Gegenübers" des Abendlandes.[4]

Die abendländische Vernunft und der Wahnsinn als ihr „Anderes" stehen nach Foucault im Verhältnis eines wechselseitigen Ausschlusses. Ausschluß des „Anderen" kann aber nicht seine Zerstörung bedeuten, denn seine Vernichtung wäre tendenziell Selbstvernichtung. An die Stelle der Vernichtung tritt, wie Said es im oben angeführten Zitat andeutet, „Kontrolle", „Manipulation" oder „Einverleibung" durch die „Wissenschaft". Die Kontrolle des Wahnsinns findet ihren Ausdruck in

2 Edward W. Said: Orientalismus, Frankfurt am Main 1981, S. 28.

3 Vgl. Michel Foucault: Wahnsinn und Gesellschaft. Eine Geschichte des Wahns im Zeitalter der Vernunft, Frankfurt am Main 1969, S. 10.

4 Einen ausführlichen Exkurs darüber, daß unter dem Begriff „Orient" eine riesige heterogene geographische, kulturelle wie politische Größe zu einer Einheit zusammengefaßt wird, erspare ich mir und setze die Problematik als bekannt voraus. Der Begriff „Orient" wird in dieser Arbeit nicht mehr in Anführungszeichen gesetzt werden -, er bezeichnet sowohl einen geographischen Raum als auch sämtliche Konnotationen und Assoziationen, die mit dem Begriff in Verbindung gebracht werden können.

der Institution der Klinik, die Kontrolle des topographischen „Anderen“, des Orients, im Kulturapparat der Orientalistik. Hier gilt die Nietzsche-Formel: „Der Wille zum Wissen ist ein Wille zur Macht“. Wissen und Wissenschaft gibt es nicht um ihrer selbst willen, vielmehr dienen sie der Orientierung in einer komplizierten Welt, der Durchsetzung von Interessen, der Täuschung, der Bosheit, der Herrschaft über das „Andere“, das zum Objekt gemacht wird.[5] Dabei findet eine Form von Exklusion statt, die allerdings in die Form einer Inklusion gekleidet ist, „weil das moderne utilitaristische Ethos verlangt, Folgen unter Kontrolle zu halten“.[6]

Zwar hat Foucault seit der „Archäologie des Wissens“ mit der Romantik einer „tiefen“ Bedeutung des Wahnsinns, der das „ganz Andere“ gegenüber der eigenen Kultur sein soll, aufgeräumt, doch gründet Saids „Orientalismus“ auf diesem frühen Konzept. Die Vorstellung des Orients als das „Andere“ des Okzidents – und daraus folgernd die Geschichte der wissenschaftlichen wie literarischen Beschäftigung mit dem Orient als Geschichte der Machtergreifung, Kontrolle und Unterwerfung[7] – sind die Grundpfeiler von Saids Werk.

Birus weist darauf hin, daß Said in „Orientalismus“ geradezu leitmotivisch auf Goethes „West-östlichen Divan“[8] Bezug nimmt, dann jedoch durch seine Beschränkung auf die anglo-französische Orientalistik als Wissenschaftsdisziplin nicht weiter auf das Werk eingeht. Diesem vernachlässigten Aspekt, der Frage nach einem fiktiv-literarischen Orientalismus, soll in dieser Arbeit nachgegangen werden. Anhand der Lyrik Goethes und Heinrich Heines[9] sollen grundlegende Thesen aus „Orientalismus“ unter der Fragestellung untersucht werden, ob selbst literarische Fiktion den Orient aus einem Gefühl westlicher Überlegenheit heraus als Objekt, das es zu dominieren gilt, repräsentiert und so zu einer immer erneuerten „Orientalisierung des Orients“[10] gelangt.

Der Aufbau folgt vier aus dem Werk Saids extrahierten Thesen, die jeweils an der Lyrik Heines und Goethes überprüft werden.

In einem ersten Schritt wird untersucht, ob die von Said proklamierte Orient-Okzident-Dichotomie als binäre Struktur in jedem Text enthalten ist. Weiterhin geht

5 Auch hier wieder Vorstellungen von Nieztsche: Das „Apollinische“ versucht das „Dionysische“ zu verdrängen.

6 Vgl. Niklas Luhmann: Inklusion und Exklusion. In: Nationales Bewußtsein und kollektive Identität. Studien zur Entwicklung des kollektiven Bewußtseins in der Neuzeit. Hg. von Helmut Burding, Bd. II, Frankfurt am Main 1994, S. 15–45, hier: S. 21.

7 Vgl. Said, a.a.O., S. 229: „Als Kulturapparat ist der Orientalismus ganz Aggression, Aktivität, Urteil, Wahrheitsanspruch und Wissen.“

8 Johann Wolfgang von Goethe: West-östlicher Divan. In: Sämtliche Werke. Briefe, Tagebücher und Gespräche. Hg. von Hendrik Birus, Abt. I, Bd. 3/1 und 3/2, Frankfurt am Main 1994. Im folgenden Abgekürzt mit GSW, Abteilung, Band und Seitenzahl.

9 Heinrich Heine: Sämtliche Werke, hrsg. von Manfred Windfuhr, Bd. I-X, Hamburg 1975–93. Im folgenden abgekürzt mit HSW, Band und Seitenzahl.

10 Andrea Fuchs-Sumyoshi: Orientalismus in der deutschen Literatur, Hildesheim/ Zürich/New York 1984, S. 5.

es um Aussagen, die anhand dieser Übersetzung der Gegenüberstellung über das Verhältnis vom Eigenen zum Fremden gemacht werden können.

Der zweite Teil widmet sich dem Diskurs über den Orient, wie er zur Zeit Goethes und Heines bereits geführt wurde. Said geht davon aus, daß sich Unterschiede lediglich im persönlichen Stil, nicht aber in den grundsätzlichen Inhalten zeigen. Zu fragen ist, ob Goethe und Heine repräsentieren und reproduzieren, was andere bereits gesagt haben, oder ob sie nicht vielmehr originär in den Orient-Diskurs eingreifen. In diesem Zusammenhang sollen Tendenzen im Trend der Zeit aufgespürt werden, die, ohne direkt mit ihm in Beziehung zu stehen, doch Niederschlag im Orient-Diskurs fanden. Es geht weniger um eine detailgenaue Darlegung der einzelnen Quellen, die Goethe und Heine zur Verfügung standen, sondern vielmehr um nicht direkt gekennzeichnete Bezüge und Verweise intertextueller und „zeitgeistiger“ Art.

Said behauptet, die imaginäre Orient-Reise stelle die Erfüllung eines sehr persönlich motivierten Projektes dar. Zu untersuchen ist deshalb unter Punkt drei, wofür der Orient jeweils als Projektionsfläche dient. Unter dem gemeinsamen Nenner „Flucht“ als Auslöser für den Aufbruch in den Orient sollen Anliegen Goethes und Heines betrachtet und miteinander verglichen werden. Der Orient wird hier als Poesie-Orient betrachtet: Ästhetische und poetologische Konzepte Goethes und Heines werden mit dem „Orientalismus“ in Zusammenhang gebracht.

Der vierte Teil schließlich beschäftigt sich mit den Stereotypen und Klischees über den Orient. Said geht von einem „Set intensiver Schematisierung“ aus, das seinen Ausdruck in immer wieder neu aufgegriffenen Formeln und Stereotypen findet. Anhand einer Untersuchung der wichtigsten Stoffe, Motive und Themen im „Divan“ sowie in der orientalisierenden Lyrik Heines soll der Orient als diskursiv-beschreibbare Einheit in den dichterischen Werken näher bestimmt und „Typisches“ wie „Untypisches“ miteinander verglichen werden. Berücksichtigt werden Selektionsverfahren und Bewertungen des vorgefundenen Materials.

Am Ende werden die Charakteristika des Orient-Bildes Goethes wie Heines, wie sie die vorliegende Untersuchung herausgestellt hat, den Thesen Saids gegenübergestellt.

1 Ost-West-Dichotomien

Said bemängelt, daß der Orientalismus von Anbeginn bis in die Gegenwart eine Denkweise über das Fremde gezeigt habe, die sich auf eine fundamentale Unterscheidung zwischen „Osten“ und „Westen“ gründe: Denken wird in ein östliches und ein westliches Abteil geleitet.[11] Nicht anders – so Said – verfahren die Dichter, die sich fiktiv mit dem Orient beschäftigen. Im Zentrum ihrer literarischen Umsetzung bleibe die Dichotomie zwischen Eigenem und Fremdem bestehen, ja sie werde sogar immer wieder aufs neue fiktiv konstruiert. Die imaginative und geographische Teilung ist nicht wertneutral, vielmehr beschreibt sie ein Machtverhältnis. Die Überzeugung westlicher Überlegenheit über den Orient wird als wissenschaftlich erwiesene Wahrheit angesehen.

Häufig wird zur Beschreibung des Verhältnisses von Eigenem zum Fremden die Metapher des Spiegels gebraucht. Nach Waardenburg[12] fungiert der Orient als Spiegel der eigenen negativen Aspekte: Jeder westliche Orientalist, so meint er, zeige eine tendenziöse Sicht des Islam, als sähe er ihn als Reflex eigener spezifischer Schwächen. Daneben existiert jene Spiegelung, die im Fremden das jeweilige Defizit des Eigenen sieht und als durchaus reizvoll wahrnimmt. Eine dritte Spielart der Spiegelung ist die Wahrnehmung des Eigenen im Fremden, das die Gleichheit betont und faktische Diskrepanzen negiert.

Im folgenden soll gezeigt werden, wie Goethe und Heine in ihrer Lyrik das Verhältnis von Orient und Okzident placieren und welche strukturellen und inhaltlichen Konsequenzen sie für das Verhältnis von Eigenem und Fremdem daraus folgern.

1.1 Dichotomien bei Goethe

Bereits im Titel weist der „West-östliche Divan“ auf die Dichotomie von Orient und Okzident hin. „Divan“ bezeichnet normalerweise eine Versammlung – von Dichtern, Königen, Stammesältesten wie auch von Texten.[13] Hier handelt es sich um die Versammlung westlicher und östlicher Gedichte. Das Nebeneinander beider geographischer Einheiten unterstellt eine Gleichwertigkeit in der Behandlung der Themen, ohne Wertung sollen westliches und östliches Gedankengut gesammelt und nebeneinander gestellt werden.

In den „Noten und Abhandlungen“ äußert sich der Dichter explizit zum Verhältnis von Orient und Okzident wie auch zu der Rolle, die er selbst sich in diesem

11 Said, a.a.O., S. 56.

12 Vgl. Jacques Waardenburg: L'islam dans le miroir de l Occident, Paris 1963.

13 Vgl. die Übersetzung von „Divan“ als Versammlung der Kriegsherren, Räte, Dichter.

Verhältnis zuschreibt. Im Kapitel „Einleitung“[14] setzt er sich zu beiden Teilen in Beziehung:

> Am liebsten wünscht der Verfasser als ein Reisender angesehen zu werden, dem es zum Lobe gereicht, wenn er sich der fremden Landesart mit Neigung bequemt, deren Sprachgebrauch sich anzueignen trachtet, Gesinnungen zu teilen, Sitten aufzunehmen versteht. (GSW 3/1, 138)

Ist der Dichter ein „Reisender“, so wird sein Werk zum „Reisebericht“ und zu einem Beitrag der im 19. Jahrhundert so beliebten Gattung der Reiseliteratur. Bei der Produktion wie der Rezeption von Reiseliteratur haben häufig weder Leser noch Autoren zwischen realen und imaginären Reisen unterschieden: Fiktive, konstruierte Berichte traten mit dem gleichen Anspruch auf Authentizität auf wie Schilderungen empirisch erfahrbarer Realität. Wissenschaftliche Berichte wurden von den Lesern kaum anders als Phantasieberichte rezipiert. Tatsächlich sind die Grenzen zwischen der Gattung des realen Reiseberichtes und der Reisefiktion fließend: Betrachtet man die Berichte mittelalterlicher Pilger, dann ist oft der Anteil an Auswüchsen der Phantasie größer als die Beschreibung tatsächlich vorgefundener Realität.[15] Real wie fiktiv Reisende konstruieren oft in weitem Umfang den von ihnen bereisten Ort.

Der Begriff des „Reisenden“ bei Goethe schließt zweierlei ein: Die Rückkehr zum Eigenen ist von Anfang an impliziert, denn ein Reisender begibt sich lediglich temporär in einen anderen Raum. Es geht also nicht um Assimilation an das Fremde, sondern nur um eine zeitweilige „Grenzüberschreitung“. Für diesen „Zeit-Raum“-Aspekt wird eine Art „sympathetischer Identifikation“ vollzogen, denn die Begegnung erfolgt mit „Neigung“; Gesinnungen sollen geteilt, fremde Sitten aufgenommen werden. Ein Anspruch auf irgendeine Form empirischer Objektivität, die sowieso nur ein Trugschluß wäre, wird indessen nicht erhoben:

> Nicht eine fiktive neutrale Sachlichkeit macht den Reisenden Fremden gegenüber empfänglich; erst das Bewußtsein der eigenen Voreingenommenheit läßt den Kontakt intellektuell fruchtbar werden.[16]

Seine „Voreingenommenheit“ – in Form von Sympathie und Neigung – ist Goethe bewußt. Für den Leser wird sie transparent gemacht. Mehrfach identifiziert sich Goethe explizit mit der „bereisten“ orientalischen Kultur, so zum Beispiel, wenn er „den Verdacht nicht [ablehnt], daß er selbst ein Muselmann sei“.[17] Diese Identifizierung geht jedoch niemals so weit, daß ein völliges Aufgehen in der Fremdkultur

14 GSW I/3,1, 138–140.

15 Man denke etwa an die „Monstervölker“, die Mandeville auf seinen tatsächlich durchgeführten Orient-Reisen angeblich vorfand.

16 Urs Bitterli: Die Wilden und die Zivilisierten, München 1976, S. 79.

17 Ankündigung des „Divan“ im Morgenblatt für gebildete Stände vom 24.2.1816, GSW I/3,1, 549.

stattfände. Vielmehr wahrt der Dichter seine „Eigenheiten“ und bittet den Leser zu verzeihen,

> wenn er immer noch an einem eignen Akzent, an einer unbezwinglichen Unbeugsamkeit seiner Landsmannschaft kenntlich bleibt. (GSW 3/1, 139)

Hier bleibt letztendlich „Fremdheit“ als Charakteristikum jeder Begegnung auf Reisen bestehen. Nur temporär findet – durch Sympathie, Wohlwollen und Interesse – Annäherung statt. Aus seiner Subjektivität, seiner Voreingenommenheit macht der Dichter kein Hehl. Grenzen und Schranken, Verhaftet-Sein im Eigenen, wie es sich zum Beispiel im „Akzent“ beim Sprechen einer fremden Sprache zeigt, werden jedoch nicht aufgehoben.

Die Rolle des „Reisenden“, in die der Dichter schlüpft, wird durch diejenige des „Handelsmannes“ ergänzt, der seine „Waren gefällig auslegt und sie auf mancherlei Weise angenehm zu machen sucht“.[18] Der „Reise“ wird hier – über das persönliche Erkenntnisinteresse hinaus – eine didaktische Funktion zugeschrieben. Die Fremdkultur soll den eigenen Landsleuten nähergebracht werden. Einem Handelsmann ist daran gelegen, seine Waren abzusetzen, deshalb wird man ihm „ankündigende, beschreibende, ja lobpreisende Redensarten [...] nicht verargen“.[19]

Rolle und Funktion des „Handelsmannes“ sind im Kontext von Goethes vielzitiertem Weltliteratur-Konzept zu verstehen: Analog zum merkantilen Warenaustausch geht es hier um einen Austausch der Kulturgüter zwischen den Völkern. Der „Händler-Dichter“ wird zum Mittler zwischen den Kulturen.

Den „Warenaustausch“ zwischen den Völkern thematisiert auch das Gedicht „Den Gruß des Unbekannten ehre ja!“ im „Buch der Betrachtungen“: „Nun tauschet War um Ware, teilt Gewinn!“[20] Damit sind nicht nur die materiellen, sondern durchaus auch die geistigen Güter gemeint. Die „Ware“, die der Dichter vom Orient zum Okzident transportiert, ist die Poesie.

Jede Art von Handelsbeziehung zeichnet sich dadurch aus, daß der Gegenstand des Interesses nicht der Handelspartner, sondern die Ware ist, die es zu vermitteln gilt. Der Handelspartner wird unter dem Aspekt seiner Disponibilität gesehen, Eigentümlichkeiten der Fremdkultur interessieren nur dann, wenn deren Kenntnis für den profitablen Ablauf der Geschäftsbeziehungen von Nutzen ist.[21] Goethes Wahrnehmung ist selektiv auf die im Orient befindliche Ware Poesie gerichtet.
Die „lobpreisende Redensart“ des „Dichter-Händlers“ dient dem Ziel, den „Absatzmarkt“ für die „importierten Waren“ zu vergrößern. Die Poesie-Ware muß so präsentiert werden, daß sie „den Seinen schneller behage“.[22] Deshalb darf der

18 GSW I/3,1, 139, Kapitel „Einleitung“.

19 Ebd., S. 139.

20 GSW I/3,1, 342.

21 Vgl. Bitterli, a.a.O., S. 310. Bitterli bezieht sich hier auf reale Handelsbeziehungen. Die genannten Charakteristika beschreiben jedoch auch den „Warenaustausch“ des „Divan“.

22 GSW I/3,1, 139.

Handelsmann in das Vorgefundene eingreifen.[23] Als „Mittler zwischen den Kulturen“ erlaubt er es sich sogar, gegebenenfalls als Zensor tätig zu werden, und Korrekturen, Glättungen, Änderungen oder gar Streichungen vorzunehmen; all dies im Interesse der Abnehmer, mehr aber noch im Sinne des Handelsmannes, der an seinen „Kunden“ verdienen will. Markante Beispiele einer solchen „Zensur“ oder Angleichung an den europäischen Geschmack finden sich im Kapitel „Übergang von Tropen zu Gleichnissen“. Am Beispiel verschiedener Bilder und ihrem unterschiedlichen Gebrauch lobt Goethe oder setzt den Rotstift an: Er hat „nichts dawider“, sich Locken als „Angelhaken“ vorzustellen,

> wenn es nun aber gar vom Sultan heißt: „In deiner Locken Banden liegt/Des Feindes Hals verstrickt“ so gibt es der Einbildungskraft entweder ein widerlich Bild oder gar keins. (GSW 3/1, 199)

Entspricht also die Motivwahl oder die Verknüpfung der Gedanken nicht dem Geschmack Goethes, so erlaubt er es sich, Korrekturen und „An-Gleichungen“ im Sinne des eigenen Maßstabes vorzunehmen.

Im Kapitel „Einleitung“ legt der Dichter somit eine Art „Programm“ vor, das die Begegnung mit dem Orient kennzeichnen soll: Temporär begibt er sich auf Reisen, begegnet dem Fremden wohlwollend, identifiziert sich teilweise und eignet sich Fremdes (die Sprache) an, ohne dabei das Eigene auszulöschen, wie es im „Akzent“, den er nicht verliert, zum Ausdruck kommt. Seine Demonstration des Vorgefundenen ist immer eine bewußte und dem Leser transparent gemachte Interpretation gemäß den Vorlieben und Abneigungen des „Über-Setzers“. Der selektierende Blick wählt möglichst „Gleichartiges“: Der eigene Geschmack wie der des Publikums werden zum Maßstab, an dem das Fremde, das es wert ist, transportiert zu werden, gemessen wird. Die von Said kritisierte grundlegende Dichotomie in der Betrachtung wird also offenbar auch von Goethe nicht überwunden. Zwar scheinen bei ihm temporäre Übergänge und Begegnungen möglich zu werden, aber eine völlige Aufhebung der Grenzen wird nicht angestrebt. Der Kontakt mit der Fremdkultur ist für Goethe eine Bereicherung im wahrsten Sinne des Wortes:

> [...] denn in einer Zeit, wo so vieles aus dem Orient unserer Sprache treulich angeeignet wird, mag es verdienstlich erscheinen, wenn auch wir von unserer Seite die Aufmerksamkeit dorthin zu lenken suchen, woher so manches Große, Schöne und Gute seit Jahrtausenden zu uns gelangte, woher täglich mehr zu hoffen ist. (GSW, 3/1, 139/40)

Indem der Dichter in die Rolle des „Handelsmannes“ schlüpft, macht er es sich zur „verdienstlichen“ Aufgabe, dieses „Große, Schöne und Gute“ im eigenen Land zu

23 Diese Methode war durchaus üblich, man denke nur an die Übersetzungen der „Märchen aus 1001-Nächten“, die erst ausgedünnt und bereinigt wurden, bevor sie für das europäische Publikum als geeignet empfunden und veröffentlicht wurden.

verbreiten. Als Handelsmann ist er Grenzgänger, Transporteur von Waren. Er selbst ist „Umschlagplatz“ von Eigenem und Fremdem und letztendlich derjenige, der profitiert und gewinnt. Unter dieser Blickrichtung soll nun die Lyrik des „Divan“ betrachtet werden.

Das Strukturprinzip der Dichotomie, das Goethe nicht zu überwinden, sondern zu gestalten sucht, ist grundlegend für den „Divan“. Die Dichotomie von Morgen- und Abendland spiegelt sich unter anderem in imaginären west-östlichen Paar-Beziehungen, die in dialogisch-dichotomen Rollengedichten gestaltet werden.

1.1.1 Paar-Konstellationen

Die beiden wichtigsten Paar-Konstellationen des „Divan“ stellen zum einen das west-östliche Dichter-Paar „Hafis“ und „Hatem“, zum anderen das Liebespaar „Hatem“ und „Suleika“ dar.[24] Schaeder bemerkt dazu: „Das Hauptgewicht [des Divan] liegt auf den zwei Büchern von Hafis und Suleika.“[25] Sowohl zum persischen Dichter Ḥāfiẓ wie auch zu „Suleika“ geht Goethe im Orient eine imaginäre Beziehung ein, die im „Divan“ dichterisch gestaltet ist. Beiden Beziehungen ist gemein, daß sie nur auf der Ebene von Texten realisiert werden: Ḥāfiẓ hat im 14. Jahrhundert gelebt, Goethe kennt ihn lediglich aus den ihm vorliegenden Übersetzungen seiner Poesie. Nicht zu einem Repräsentanten des zeitgenössischen Orients nimmt Goethe hier Kontakt auf, sondern zu einem Gegenüber, das sich formen und gestalten läßt, ohne selbst einen aktiven Part in der Beziehung bilden zu können. Die Gestalt der „Suleika“ hingegen steht für die Zeitgenossin Marianne von Willemer. Doch bildet auch hier zwar eine erwünschte, doch keine reale Beziehung die Grundlage –, sie muß vielmehr erst textuell konstruiert werden.

1.1.1.1 „Ḥatem“ und „Hafis“: Gleichheit im Geiste

Der persische Dichter Šams ud-Dīn Muḥammad Ḥāfiẓ, der im 14. Jahrhundert lebte, bildet für Goethe Orientierungs- und Identifikationspunkt im Orient: Durch Ḥāfiẓ' Augen (und zwar so, wie er ihn in den Quellen beschrieben und übersetzt vorfindet und ihn interpretiert, vgl. weiter unten) beurteilt Goethe den Orient. Bereits im Eingangsgedicht des „Divan“, „Hegire“[26], macht der Dichter deutlich, daß er sich im Orient auf Ḥāfiẓ' Spuren bewegt: „Will in Bädern und in Schenken/Heiliger Hafis, dein gedenken“. Bei Ḥāfiẓ findet Goethe den Themenkomplex vor, den er zum

24 Die Schreibweise Goethes wird in Anführungszeichen übernommen, wenn von den Gestalten seiner Dichtung die Rede ist. Handelt es sich um literarische Vorbilder, werden die Namen gemäß den Regeln der Deutschen Morgenländischen Gesellschaft transkribiert.

25 H.H. Schaeder: Goethes Erlebnis des Ostens, Leipzig 1938, S. 68.

26 GSW I/3,1, 12. Vergleiche zum Gedicht „Hegire“ auch Kapitel drei dieser Arbeit.

Inhalt seines eigenen „Orient-Programmes" bestimmt, nämlich „Lieben, Trinken, Singen".[27] Zu dieser Thematik fühlte sich Goethe durch den Divan des Ḥāfiẓ inspiriert. Seine Verehrung für Ḥāfiẓ bringt er zum Ausdruck, indem er ihm als einzigem orientalischen Dichter ein „Buch", das „Hafis nameh", widmet. Doch möchte er nicht nur über eine gleiche Affinität bezüglich poetischer Themen, sondern auch persönlich mit Ḥāfiẓ in Beziehung treten:

> Endlich aber, als mir, im Frühling 1814, die vollständige Übersetzung aller seiner Werke zukam, ergriff ich mit besonderer Vorliebe sein inneres Wesen und suchte mich durch eigene Produktion mit ihm in Verhältnis zu setzen. (GSW, 3/1, 200)

Die intime Art der Beziehung beschreibt Goethe im Gedicht „Unbegrenzt" folgendermaßen:

> Und mag die ganze Welt versinken,
> Hafis, mit dir, mit dir allein
> Will ich wetteifern! Lust und Pein
> Sei uns, den Zwillingen, gemein! (GSW 3/1, 31)

Über räumliche und zeitliche Grenzen hinweg empfindet Goethe eine so starke Nähe zu dem persischen Dichter, daß er für seine Beziehung zu ihm die Metapher der Zwillingsbrüderschaft wählt, eine Verwandtschaftsbeziehung, wie sie enger kaum sein kann. Im Bild der Zwillingsbrüder ist erneut eine Gleichheit der Teile suggeriert. Die Verwandtschaft ist jedoch nicht in der Abstammung, sondern durch Gleichheit der Ansichten begründet:

> Hafis, drum, so will mir scheinen,
> Möcht ich dir nicht gerne weichen:
> Denn wenn wir wie andre meinen,
> Werden wir den andern gleichen. (GSW 3/1, 28, „Beiname")

Goethe vertritt hier die Ansicht, daß Sympathie, Gleichheit der Gedanken und der Tat tiefere Gemeinsamkeiten und engere Bande schaffen als dieselbe nationale Abstammung und ethnische Zugehörigkeit.[28] So sagte er über Ḥāfiẓ: „Alles, was dem Stoff und dem Sinne nach bei mir Ähnliches verwahrt und gehegt worden, tat sich hervor[...]". Wenn im Fremden sich Eigenes spiegelt, kann gerade das Fremde helfen, die Gesetzmäßigkeit des Eigenen, Gegenwärtigen zu erkennen.[29]

27 Vgl. Kapitel vier.

28 Zur „Einfühlung" als Medium des Fremdverstehens vgl. Kapitel zwei.

29 Vgl. Monika Lommel: Der Orient, China und die klassische Poetologie in Goethes Spätwerk. In: Akten des VIII. Internationalen Germanisten-Kongresses. Begegnung mit dem 'Fremden'. Grenzen - Traditionen - Vergleiche. Hg. von Eijiro Iwasaki, Bd. 7, München 1990/91, S. 139.

Durch die Übersetzung von Joseph von Hammer-Purgstall hatte Goethe den Divan des Ḥāfiẓ und, soweit bekannt, auch biographische Daten aus seinem Leben kennengelernt. [30] So wußte Goethe, daß Šams ud-Dīn Muḥammad Ḥāfiẓ im Jahre 1320 in Šīras geboren worden war. Schon zu Lebzeiten war seine Dichtung berühmt, und diverse Herrscher aus Persien, Bagdad und Indien hatten Ḥāfiẓ aufgefordert, sich als Hofdichter bei ihnen niederzulassen. Ḥāfiẓ ist diesen Einladungen nie nachgekommen; er wollte sich keinem Herrscher anschließen oder gar unterordnen. Der ihn charakterisierende und in seiner Dichtung häufig variierte Begriff „rendi", den Goethe mit „Freisinn"[31] übersetzt, scheint diese Unabhängigkeit zu bezeichnen.

Ḥāfiẓ war Religionslehrer und gehörte zeitweise einem Sūfī-Orden an. Wie er zu seinem Ehrennahmen „Ḥāfiẓ" kam, der auf deutsch „Der-im-Gedächtnis-Bewahrende" oder „Der den Koran auswendig kennt" bedeutet, beschreibt Goethe in dem Gedicht „Beiname".[32]

Nicht nur in der Lyrik Ḥāfiẓ', deren Hauptthemen „Lieben, Trinken, Singen" Goethe sich zu eigen machte,[33] auch im Leben des persischen Dichters entdeckte Goethe Verwandtes, mit dem er sich identifizieren konnte. So lebten beide Dichter in Zeiten politischer Unruhe und tiefgreifender gesellschaftlicher Veränderungen. Die letzten Jahre von Ḥāfiẓ' Leben standen unter dem Eindruck des Einfalles Timurs in Persien; er litt unter den Auswirkungen von dessen grausamer, despotischer Herrschaft. Goethe sah in den Folgen des Siebenjährigen Krieges, der französischen Revolutionskriege, der Koalitionskriege, der Napoleonischen Eroberungskriege, deren Zeitgenosse er war, eine ähnliche „Ungunst der Zeit".[34]

Die Identifizierung mit Ḥāfiẓ, die Gleichsetzung des persischen mit dem deutschen Dichter, bleibt jedoch problematisch. Fuchs-Sumyoshi bezeichnet die dialogische Form der Rollengedichte zwischen „Hafis" und „Hatem" als „Interview-Situation"[35], also als aktiv-passive Rollenverteilung. Goethe geht hier genauso vor, wie er es als „Handelsmann" seiner Leserschaft angekündigt hat: Denn die Dichtung des Ḥāfiẓ, wie sie im „Divan" vorliegt, ist von Goethe bereinigt. Damit die Gleichwertigkeit, wie sie in der Zwillingsmetapher zum Ausdruck kommt, tatsächlich aufrecht erhalten werden kann, muß der „Handelsmann" eingreifen und die tatsächlichen Unterschiede beseitigen. Gleichheit besteht nur, weil Goethe das Werk Ḥāfiẓ' seinem eigenen Geschmack angeglichen hat. Denn in Bezug auf die Dichtung des Ḥāfiẓ gibt es Probleme der Auslegung, die Goethe mehr oder weniger ignoriert hat.

Bis heute wird in der Ḥāfiẓ-Forschung um die Frage gestritten, ob eine mystisch-allegorische oder „weltliche" Lesart angemessen sei.[36] Für eine genaue Einordnung

30 Joseph von Hammer-Purgstall: Der Divan von Mohammed Schamseddin Hafis, Stuttgart und Tübingen, 1812/13.

31 Vgl. das gleichnamige Gedicht: GSW I/3,1, 15.

32 GSW I/3,1, 28.

33 Vgl. Kapitel drei: „Hegire".

34 Katharina Mommsen: Goethe und die Arabische Welt, Frankfurt am Main 1982, S. 484.

35 Vgl. Fuchs-Sumyoshi, a.a.O., S. 60.

36 Im vierten Teil wird ausführlich auf diese Problematik eingegangen.

der Dichtung Ḥāfiẓ und für eine Untersuchung seiner verschiedenen Quellen ist an dieser Stelle kein Raum. Tatsächlich finden sich in seiner Dichtung Bezüge und Verweise auf verschiedenste geistige Strömungen, auf altpersisch-gnostisches wie auf dogmatisch-islamisches Ideengut. Dieses ist verbunden mit persisch-islamischen mystischen Bildern und Motivkomplexen. Gerade dieses Nebeneinander eigentlich unvereinbarer Gegensätze, etwa die Gleichzeitigkeit von hedonistischen und asketisch-mystischen Gedanken, machen die Dichtung Ḥāfiẓ' so überaus vielschichtig und zeitlos reizvoll. Johann Christoph Bürgel hat darauf hingewiesen und Ḥāfiẓ' „mehrstimmiges Metaphernspiel" gewürdigt:

> So kann Hafis etwa sagen, aus der Flut seiner Tränen werde ihn nur die Arche Noah retten, wobei die letztere dem Frommen der Glaube an Gott, dem Anakreontiker dagegen den Weinpokal bedeutet, denn Noah gilt nach alter jüdischer, vom Islam rezipierter Auffassung als Erfinder des Weins. [...] Anakreontik, Erotik, Panegyrik und Mystik, mindestens zwei dieser Sphären mischen sich ständig.[37]

Die mystische Dimension im Werk Ḥāfiẓ' war Goethe sehr wohl bekannt, sie sagte ihm aber nicht zu. Das „Lieben, Trinken, Singen", das in der Lyrik Ḥāfiẓ' thematisiert ist, wird bei Goethe „verweltlicht": Wie Goethe hier in seiner Motivumgestaltung vorgeht, wird im vierten Kapitel gezeigt werden. Mit dieser Lesart steht Goethe nicht allein. Hammer-Purgstall, dessen Ḥāfiẓ-Bild Goethe weitgehend übernommen hat, geht in der Einleitung zu seiner Übersetzung davon aus, daß Ḥāfiẓ sich der mystischen Terminologie nur bedient habe, um nicht in Konflikt mit der Obrigkeit zu geraten. In Wirklichkeit sei seine Dichtung rein weltlich zu verstehen. So erklärt er:

> Als [nach Hafis' Tod] die wahre oder Scheinfrömmigkeit der *Muftis, Scheiche, Ulemas, Sofis, Imame,* der *Derwische* und *Kalendar* die Unmöglichkeit sah, Hafisens Lieder aus dem Munde des Volkes zu bringen, mußte sie wohl, um die Orthodoxie des Dichters und die ihrige zu retten, die sinnlichen Bilder für übersinnliche Allegorien, und die ganze Sprache Hafisens für mystische Sprache erklären.[38]

Goethe übernimmt die Ansicht Hammer-Purgstalls und spricht einer mystischen Lesart glattweg die Berechtigung ab. Seiner Meinung nach dient sie lediglich dazu, eine „Doppelmoral" zu unterstützen. Im Gedicht „Offenbar Geheimnis" wirft er den Wortgelehrten vor:

37 Johann Christoph Bürgel: Drei Hafis-Studien. Bern - Frankfurt am Main 1975, S. 11.

38 Hammer-Purgstall, a.a.O., S. 33 ff.

Mystisch heißest du ihnen,
weil sie Närrisches bei dir denken,
Und ihren unlautern Wein
In deinem Namen verschenken. (GSW, 3/1, 32)

Hier wird den „Wortgelehrten" eine Mentalität vorgeworfen, die um des guten Zwecks willen jedes Mittel rechtfertigt. Indem sie eine gottgefällige Absicht unterstellen, werden sogar koranische Verbote, wie die des Weingenusses, zur guten Tat im Dienste der Religion umgemünzt. Es handelt sich also um eine Art Doppelmoral. Denunziert wird der Widerspruch von Sein und Schein. Hinter „Scheinheiligkeit" verbirgt sich simple Genußsucht.[39]

Man kann Goethe nicht vorwerfen, er habe die Dichtung des Ḥāfiẓ auf lediglich eine Bedeutungsebene verkürzt. Gewiß aber wählt er doch eine reduzierte, einseitige Lesart, indem er Ḥāfiẓ seiner eigenen ästhetischen Konzeption anpaßt. Damit wird die Pluralität und Vielschichtigkeit, die die Dichtung des Ḥāfiẓ auszeichnet, zwar nicht vollkommen reduziert, aber doch vereinfacht. Differenzierter scheint Friedrich Rückert das Problem gesehen zu haben:

Hafis, wo er scheinet Übersinnliches
Nur zu reden, redet über Sinnliches.
Oder redet er, wo über Sinnliches
Er zu reden scheint, nur Übersinnliches?
Sein Geheimnis ist unübersinnlich,
Denn sein Sinnliches ist übersinnlich.[40]

Trotz Anerkennung und Hochschätzung, trotz des Respektes und der Achtung, mit der Goethe dem persischen Dichter „begegnet", ist auch ein großes Stück Dominanz und Autorität unverkennbar. Die erklärte „Zwillingsbrüderschaft" zwischen Goethe und Ḥāfiẓ suggeriert Gleichberechtigung der eigenen mit der Fremdkultur, die praktisch nicht eingelöst wird. Vielmehr selektiert der westliche Dichter, er wertet und verwirft, wo es ihm paßt. Die Repräsentation des orientalischen Poesie-Materials wird deshalb zu einer Konstruktion. Goethe konstruiert an einem fiktiven Ort ein fiktives Gegenüber, das in die Beziehung nicht aktiv eingreifen oder reagieren kann. Der scheinbar aktive Austausch, wie er im Rollengedicht als Wechsel von Frage und Antwort gestaltet ist,[41] ist lediglich fingiert. In Wirklichkeit gibt es einen aktiven Part und einen passiven „Materialspender", über den verfügt wird.

39 Natürlich hat Goethe der Dichtung Ḥāfiẓ' keine Eindimensionalität unterstellt. Zum Problem der Lesart vgl. unten Kapitel drei und vier.

40 Annemarie Schimmel (Hg.): Friedrich Rückert. Ausgewählte Werke, Bd. II, Frankfurt am Main 1988, S. 30 ff.

41 Vgl. z.B. das Gedicht „Beiname", GSW I/3,1, 28, in dem der Dichter und Ḥāfiẓ in Dialog treten.

1.1.1.2 „Hatem“ und „Suleika“: Gleichheit der Emotionen

Die Dichotomie von Eigenem und Fremdem, die auf einer ersten Ebene als „Zwillingsbrüderschaft“ im Geiste zwischen „Hatem“ und „Hafis“ gestaltet wurde, spiegelt sich auch im „Duodrama“[42] der Liebesbeziehung zwischen „Hatem“ und „Suleika“. Lebendes Vorbild der „Suleika“ war Marianne von Willemer. Goethes Liebesbeziehung zu der um viele Jahre jüngeren Frau, die, wie Goethe selbst, verheiratet und mit deren Ehemann er befreundet war, fällt in die Divan-Epoche. Die äußeren Umstände geboten es, das Verhältnis „platonisch“ zu belassen und es in einen fiktiven Raum und in einer fiktiven Zeit anzulagern. Im Verhältnis Goethes zu Marianne von Willemer wird der Orient zur Folie von Möglichkeiten, die die Realität versagt. Am fremdem Ort erfolgt ein Wechsel der Identität in Form von „Verkleidung“ und „Namensveränderung“, ausgedrückt etwa im Gedicht „Einladung“:

> Da du nun Suleika heißest
> Sollt' ich auch benamset sein.
> Wenn du deinen Geliebten preisest,
> Hatem! das soll der Name sein. (GSW 3/1, 74)

Von einer „Maskierung“ ist im folgenden Gedicht die Rede:

> Komm, Liebchen, komm! Umwinde mir die Mütze!
> Aus deiner Hand nur ist der Tulbend schön.
> Hat Abbas doch, auf Irans höchstem Sitze,
> Sein Haupt nicht zierlicher umwinden sehen. (GSW 3/1, 80)

So wird über Namensumbenennung, „Verkleidung“ und „Maskierung“ eine „orientalische Identität“ konstruiert, die wenigstens fiktiv die Realisierung bestimmter Wünsche zu erlauben verspricht. Der Orient wird zum Ort der Sinnlichkeit und des Liebesglücks.[43]

Die Liebesbeziehung ist, wie die Zwillingsbrüderschaft, konstruiert und keineswegs auf reale Begegnung angelegt.[44] Anders als Ḥāfiẓ aber konnte „Suleika“/Marianne von Willemer an der imaginären Beziehung mitgestalten und aktiv in den Dialog eingreifen. Einige „Divan“-Gedichte werden nicht Goethe, sondern Marianne von Willemer zugeschrieben, so etwa das Gedicht „Ach, um deine feuchten

42 Fuchs-Sumyoshi, a.a.O., S. 88.

43 Zur Verknüpfung von Orient und Erotik vgl. Teil drei.

44 Vgl. auch Teil drei.

Schwingen".[45] Einige Gedichte belegen die Spiegelbildlichkeit der Beziehung von Ost und West sowie „Hatem" und „Suleika" explizit.[46]

Wie dargelegt, finden sich im „Divan" eine Reihe von Dichotomien. Zu ihnen gehören das Dichterpaar „Hafis" und „Hatem" sowie das Liebespaar „Suleika" und „Hatem". Auch strukturell ist die dichotome Form bestimmend, zum einen in der Gegenüberstellung eines Lyrik- und eines Prosateils, zum anderen, innerhalb der Lyrik, durch dialogische Rollengedichte. In all diesen verschiedenen Gegenüberstellungen wird die Gleichwertigkeit der beiden Elemente suggeriert. Alle Teile lassen sich auf die Beziehung von West und Ost übertragen. Durch ein „gleiches Meinen", wie es in der geistigen Verwandtschaftsbeziehung zu Ḥāfiẓ zum Ausdruck kommt, sowie emotional durch Sympathie und Anziehung, wie sie die Liebesbeziehung zwischen „Suleika" und „Hatem" spiegelt, scheinen sich Grenzen überschreiten zu lassen. So ist es von Goethe idealtypisch konzipiert. Im folgenden soll innerhalb der Lyrik nach Niederschlägen dieser idealtypischen Gleichheit gesucht werden. Anschließend soll eine eher implizite Wertung aufgezeigt werden, die verdeutlicht, daß der Dichter seinem eigenen Anspruch nicht gerecht wird.

1.1.2 Ost-West-Beziehung in der Lyrik: Gleichheit der Teile

1.1.2.1 Idealtypische Konzepte

Über die Ost-West-Dichotomie lassen sich nicht nur formalästhetische und strukturelle, sondern auch inhaltliche Aussagen extrahieren. Die Gleichwertigkeit der Teile, das Aufeinander-Angewiesen- und Bezogen-Sein, die intendierte Vereinigung werden in vielen Gedichten explizit oder implizit thematisiert. In „Talismane" ist die geographische Aufteilung genannt:

> Gottes ist der Orient!
> Gottes ist der Okzident!
> Nord- und südliches Gelände
> Ruht im Frieden seiner Hände. (GSW 3/1, 15)

Universalismus ist von Gott her begründet. Deshalb sind „Eigenbrötlerei" und separatistische Tendenzen abzulehnen:

> Und wo sich die Völker trennen
> Gegenseitig im Verachten,
> Keins von beiden wird bekennen,
> Daß sie nach demselben trachten. (GSW 3/1, 57)

45 GSW I/3,1, 95.

46 Vgl. u.a. die Gedichte „Wiederfinden", GSW I/3,1, 96, sowie „Bist du von deiner Geliebten getrennt", GSW I/3,1, 88.

In vielen gnomischen Versen im „Buch der Sprüche“ kritisiert Goethe derartige „Trennungstendenzen“:

> „Was schmückst du die eine Hand denn nun
> Weit mehr als ihr gebührte?“
> Was sollte denn die linke tun,
> Wenn sie die rechte nicht zierte? (GSW 3/1, 67)

Die einzelnen Teile eines Ganzen wirken, auch wenn jedes für sich steht, zusammen. In den „Gedichten aus dem Nachlaß“ heißt es:

> Wer sich selbst und andre kennt
> Wird auch hier erkennen:
> Orient und Okzident
> Sind nicht mehr zu trennen.
> Sinnig zwischen beiden Welten
> Sich zu wiegen laß ich gelten:
> Also zwischen Ost- und Westen
> Sich bewegen sei zum Besten! (GSW 3/1, 614)

Im vorliegenden Konzept ist ein Weltteil jeweils nicht ohne den anderen vorstellbar. Beide bedingen und beziehen sich aufeinander. Hatte Foucault von einem Verhältnis des wechselseitigen Ausschlusses gesprochen, so ist doch bei Goethe die Absicht unverkennbar, nicht auszugrenzen, sondern zu integrieren. Von einer „west-östlichen Synthese“[47] in Form einer „Verschmelzung“ der beiden Teile kann jedoch bei Goethe keine Rede sein. Vielmehr wird das Nebeneinander, der Austausch, die Bewegung von einem zum anderen betont, wie sie im Bild des „Reisenden“, im „Bewegen zwischen Ost und Westen“, zum Ausdruck kommt. Hier handelt es sich um eine Absichtserklärung. Ob sie eingehalten werden kann, wird an späterer Stelle untersucht werden.

Die idealtypische Gleichstellung von Ost und West, die Goethe im Blick hat, kommt in den bisher untersuchten Gedichten deutlich zum Ausdruck. Dennoch ist nicht zu übersehen, daß Goethe wertet, selektiert und dominierend eingreift. Dies ist die implizierte Wertung, der im folgenden Beachtung geschenkt werden soll.

1.1.2.2 Implizite Wertung

Die Machtverhältnisse zwischen Ost und West werden im „Divan“ letztlich nie angetastet, stets überlagert „Westliches“ „Östliches“. Motive, die Goethe in den arabischen Quellen und Übersetzungen vorfand und die er mißbilligte, hat er entweder umgewandelt und ihnen ein „westliches“ Gepräge gegeben, oder er hat sie unverändert übernommen, um ihnen unmittelbar ein „Gegengedicht“ folgen zu lassen,

47 Vgl. Ursula Wertheim: Von Tasso zu Hafis, Berlin 1965, S. 178.

das die vorherige Aussage widerlegt oder zumindest in Frage stellt. Abdel-Rahim[48] bezeichnet diese Gedichte als „anti-östlich".[49] Zu den inhaltlich umgewandelten Gedichten zählt „Selige Sehnsucht". Was in sufistischem Tenor beginnt, bekommt am Ende eine andere Bedeutung:

> Sagt es niemand, nur den Weisen,
> Weil die Menge gleich verhöhnet,
> Das Lebendge will ich preisen
> Das nach Flammentod sich sehnet. (GSW 3/1, 24)

Das „Stirb und Werde", dargestellt im Bild des Schmetterlings, der sich in die Flamme stürzt und in ihr verbrennt, bedeutet hier nicht die mystisch-asketische Abtötung des Leibes mit dem Ziel der Vereinigung mit Gott als *unio mystica*, sondern es meint die Erneuerung der poetischen Potenz des Dichters.[50] Ähnliches drückt das Gedicht „In tausend Formen" aus:

> In tausend Formen magst du dich verstecken
> Doch, Allerliebste, gleich erkenn ich dich;
> Du magst mit Zauberschleiern dich bedecken,
> Allgegenwärtge, gleich erkenn ich dich.
> [...]
> Was ich mit äußerm Sinn, mit innerm kenne,
> Du Allbelehrende, kenn ich durch dich;
> Und wenn ich Allahs Namenhundert nenne,
> Mit jedem klingt ein Name nach für dich. (GSW 3/1, 101/102)

Was allegorische Deutung herauszufordern scheint, wird entgegen der Lesererwartung aus der mystischen Tradition herausgelöst: An die Stelle des „Namenhundert Allahs" treten Bezeichnungen für die Geliebte. Nicht Gott, sondern die Geliebte offenbart sich „in tausend Formen" der Natur. Die verschiedenen Namen für die Geliebte, wie „Allerliebste", „Allgegenwärtge", „Allschöngewachsne", „Allschmeichelhafte", „Allspielende", „Allmannigfaltge", „Allbuntbesternte", „Allumklammernde", „Allerheiternde", Allherzerweiternde und Allbelehrende" tragen als erste Silbe den Anklang an „Allah" in sich. Was wie eine Anspielung auf die Namensvielfalt Gottes beginnt, der sich in allen Erscheinungen der Natur manifestiert, meint in Wirklichkeit die Beseelung der Natur durch die Geliebte. Nicht nur in der mystischen, auch in der deutschen romantischen Tradition nimmt die Vorstellung von Gottes natürlicher Offenbarung und den „Hieroglyphen der Natur", die als göttliche Schrift zu lesen sind, eine wichtige Rolle ein.[51] Goethe wandelt nicht nur

48 Vgl. Said Hafez Abdel-Rahim: Goethe und der Islam, Augsburg 1969, S. 357.

49 Diese Bezeichnung finde ich zu überspitzt.

50 Zu weiteren semiotischen Wendungen von Zeichen der mystischen Tradition vgl. Kapitel vier.

51 Zu naturmystischen Vorstellungen im 19. Jahrhundert vgl. Kapitel zwei.

die mystische, sondern auch eine romantische Praktik um: Die 99 schönen Namen Allahs dienen nicht mehr dem Lob Gottes, sondern werden zur Verherrlichung der Geliebten gebraucht. Himmlische weicht irdischer Liebe.

Die Gedichte „Selige Sehnsucht" und „In tausend Formen" zeigen, wie Goethe mystische Inhalte umwandelt, damit sie seiner Leserschaft gefallen. Das Eigene wird hier zum Maßstab, an den das Fremde angeglichen wird. Dabei verwandelt er nicht nur, wie gezeigt, den semantischen Gehalt der Zeichen, sondern verwendet darüber hinaus noch eine zweite Methode: In dialogisch-dichotomer Form wird einem „östlichen" ein „westliches" Gedicht anderen Inhalts nachgestellt. Beispielhaft sei auf die beiden Gedichte „Dschelal Eddin Rumi spricht" und „Suleika spricht" verwiesen:

> Dschelal Eddin Rumi spricht
> Verweilst du in der Welt, sie flieht als Traum,
> Du reisest, ein Geschick bestimmt den Raum;
>
> Nicht Hitze, Kälte nicht vermagst du fest zu halten,
> Und was dir blüht, sogleich wird es veralten.
>
> Suleika spricht
> Der Spiegel sagt mir ich bin schön!
> Ihr sagt: zu altern sei auch mein Geschick.
> Vor Gott muß alles ewig stehn,
> In mir liebt Ihn, für diesen Augenblick. (GSW 3/1, 48/49)

Rūmī, der Mystiker, proklamiert Weltflucht; er weiß von der Vergänglichkeit, der Unbeständigkeit, ja der Nichtigkeit der Welt zu sprechen, und er kennt die Gesetze der irdischen Erscheinungen. Für Rūmī findet Goethe in den „Noten und Abhandlungen" nur ablehnende Worte.[52] Dessen Weltfluchttendenz setzt er das *carpe diem* „Suleikas" entgegen, die für „Gottes Präsenz in der Schönheit des Augenblicks" steht.

Zwei Vorgehensweisen kennt Goethe also, um das vorgefundene Material, das seiner „Gleichheitsbestrebung" entgegensteht, zu bearbeiten. Zum einen wandelt er um: Der semantische Gehalt der Zeichen wird, gemäß eigener Anschauung, verändert. (Das ist zweifelsohne eine legitime dichterische Vorgehensweise, ohne die Sprache schnell erstarren müßte.) Als zweite Möglichkeit wählt Goethe das dialogische Gedicht: Zwei Ansichten treffen dabei aufeinander, ohne daß Widersprüche und Ambivalenzen aufgelöst würden. Jedoch erhält das später postierte Gedicht, das die „westliche" Position vertritt, die stärkerer Gewichtung. Dennoch ermöglicht es die in den konträren Gedichten gestaltete Dialogstruktur, die eigene Position darzulegen, ohne einer anderen die Daseinsberechtigung abzusprechen. Hier behält das Fremde in seinem selbständigen Eigenwert Gültigkeit neben dem, was der Dichter selber vertritt. Dabei bleibt die Spannung zwischen dem Neuen und Fremden von

52 Zu Goethes Distanzierung von der Mystik vgl. auch Kapitel drei und vier.

außen und dem Angestammten erhalten. Anders als bei der Reduzierung der mystischen Dichtung zeichnen sich hier durchaus die Konturen eines pluralistischen Konzeptes ab.

Die im ersten Teil dieses Kapitels beschriebene Intention des Dichters hin auf Gleichwertigkeit von Fremdem und Eigenem wird durch Selektion und Wertung – mit dem Ziel der Angleichung des Anderen an das Eigene – teilweise ihrem Anspruch nicht gerecht. Wie der „Reisende" als „Handelsmann" seine Ware lobt und anpreist, so kritisiert er auch und lehnt ab. Positiv zu werten ist gewiß, daß Goethe seine subjektive Position offenlegt.

> Zu meinen, man könne sich dem Problem des Fremden von der Position einer außergeschichtlichen Objektivität aus nähern, wäre ebenso falsch wie anzunehmen, es sei möglich, aus sich selbst herauszutreten und, „sich einfühlend", im fremden Objekt aufzugehen. Diese beiden Formen der Annäherung – die erste dem dialektischen Materialismus, die zweite dem Historismus benachbart – führen entweder zur Reduzierung des in sich spannungsreichen Faktums der Kulturbegegnung auf naturrechtliche Abstraktionen und anarchistische Gesellschaftsutopien oder zu irrationaler Verstrickung mit dem Exotischen und Schwärmerei.[53]

Goethe konnte beide Positionen – die Illusion einer „außergeschichtlichen Objektivität" ebenso wie einen romantischen Exotismus – weitgehend vermeiden. Das mag ein Grund dafür gewesen sein, daß er, trotz Anpassungsbemühungen, den Geschmack seines Leserpublikums nicht traf.[54] Dennoch ist nicht zu übersehen, daß Goethe in der Wahl der Motive und in ihrer Bearbeitung wertet und sich dabei selbst wie die eigene Kultur zum Maßstab nimmt.[55] Die Begegnung mit dem Orient bleibt einseitig, eine fruchtbare Begegnung mit dem Fremden findet nur eingeschränkt statt. Zu weit ist Goethe von dem entfernt, was Gadamer folgendermaßen einfordern wird:

> Ein wirklich historisches Denken muß die eigene Geschichtlichkeit mitdenken. Nur dann wird es nicht dem Phantom eines historischen Objektes nachjagen, das Gegenstand fortschreitender Forschung ist, sondern wird in dem Objekt das Andere des Eigenen und damit das Eine wie das Andere erkennen lernen. Der wahre historische Gegenstand ist kein Gegenstand, sondern die Einheit dieses Einen und Anderen, ein Verhältnis, in dem die Wirklichkeit der Geschichte ebenso wie die Wirklichkeit des geschichtlichen Verstehens besteht.[56]

53 Bitterli, a.a.O., S. 79.
54 Der „Divan" wurde lange Zeit äußerst wenig rezipiert.
55 Mögliche Gründe für Affinitäten und Abneigungen sind unter Kapitel drei genannt.
56 Hans Georg Gadamer: Wahrheit und Methode, Tübingen 1965, S. 285.

Die Historizität der eigenen Position ist mitgedacht, nicht jedoch die des Fremden. Goethe findet, wenn er sich mit dem „Zwillingsbruder“ Ḥāfiẓ identifiziert, im Anderen das Eigene. Doch fehlt die Anerkennung der Differenz zwischen dem Eigenen und dem Anderen. Wo diese Differenz zu Tage tritt, mildert Goethe sie im Dienst der Anpassung ab. Die eigene Geschichtlichkeit wird zwar bedacht, doch nicht die des „Objektes“, das in einer passiven Position verharren muß: Der Orient, wie ihn Goethe sieht, ist zeitlos ewig. In Hinblick auf ihn übersieht Goethe die „Wirklichkeit der Geschichte“ wie die „Wirklichkeit des geschichtlichen Verstehens“. Diese Einseitigkeit verhindert den Prozeß „wechselseitiger Erhellung“ (Wilhelm Dilthey), aus dem fruchtbarer Kulturkontakt entstehen könnte. Die Gestalten des „Divan“ sind zwar historisch einzuordnen (die Lebensdaten der genannten Dichter sind bekannt), sie sind jedoch ihres geschichtlichen Kontextes beraubt und zu zeitlosen „Typen“ (dem Mystiker, dem Dichter, dem Dogmatiker, dem Freidenker, der Geliebten, etc.) stilisiert. Goethe möchte hier nichts spezifisch Orientalisches darstellen. Es geht ihm vielmehr um universelle Charaktere, die über räumliche und zeitliche Grenzen hinweg Gültigkeit beanspruchen. Tatsächlich schematisiert Goethe die „Orientalen“ in Typen; sie sollen das Eigene ebenso charakterisieren wie das Fremde. Dabei werden sie mit einer Art „schlechter Ewigkeit“[57] identifiziert.

1.2 Dichotomien bei Heine

Heine hat kein Werk hinterlassen, das gezielt dem Verhältnis von Ost und West gewidmet wäre. Jedoch nimmt „Orientalisches“ in seinem Gesamtwerk eine zentrale Stellung ein, und es ist verwunderlich, daß die Interpreten bisher nur vereinzelt ihr Augenmerk auf diese Tatsache gerichtet haben.[58] Heine hat intensive Orientalistikstudien betrieben,[59] sein Gebrauch orientalisierender Motive ist weit mehr als schmückendes Beiwerk, wie es dem Publikumsgeschmack der Zeit entsprach.

Wie bei Goethe soll nun auch im Blick auf Heine untersucht werden, wie die Ost-West-Dichotomie dichterisch gestaltet wird. Heine hat keinen fiktiven Reisebericht verfaßt, statt dessen hat er Bezüge zum Orient in seine Gedichte eingestreut. Im Gegensatz zu Goethes „Noten“ hat er auch keine „Leseanleitung“ und Absichtserklärung mitgeliefert. So können entsprechende Beobachtungen nur den Gedichten selbst entnommen werden.

Die betreffenden Gedichte Heines lassen sich vier verschiedenen „Ost-West-Konstellationen“ zuordnen.

57 Said, a.a.O., S. 233.

58 Umfangreichere Einzeluntersuchungen zu diesem Thema liegen bisher lediglich von Christine B. Pfeifer: Heine und der islamische Orient, Wiesbaden 1990, sowie Mounir Fendri: Halbmond, Kreuz und Schibboleth: Heinrich Heine und der islamische Orient, Hamburg 1980, vor.

59 Eine ausführliche Analyse der Quellen, die Heine zur Verfügung standen, findet sich bei Fendri, a.a.O.

1.2.1 Orient-Okzident als Verhältnis zwischen Traum und Realität

Ein Fichtenbaum steht einsam
Im Norden auf kalter Höh.
Ihn schläfert: mit weißer Decke
Umhüllen ihn Eis und Schnee.
Er träumt von einer Palme,
Die, fern im Morgenland,
Einsam und schweigend trauert
Auf brennender Felsenwand.[60] (HSW I, 165)

Zwei anthropomorphisierte Bäume, die „nordisch-deutsche" Fichte und die „morgenländische" Palme, stehen jeweils als pars pro toto für Okzident und Orient. Beide sind mit gegensätzlichen und sich ergänzenden Eigenschaften (Eis, Feuer) ausgestattet. Das Augenmerk ist nicht wie bei Goethe auf Gleichheit, auf Entdeckung des Gemeinsamen im Anderen (Zwillingsbrüderschaft), sondern auf Verschiedenheit gerichtet. Beiden gemeinsam ist die Einsamkeit in ihrem Getrenntsein. Der andere verfügt jeweils über das, was dem Eigenen fehlt. Begegnung findet aber nicht statt, es gibt keinen Ausgleich des Mangels, keine Verbindung des Getrennten, der Kontakt bleibt „Traum".

Heines Gedicht erinnert an Foucault, der den Orient in Zusammenhang brachte mit Traum und Sexualität als dem „Anderen" der Vernunft.[61] Heines Traum-Vision impliziert – im Gegensatz zu Goethes „Divan"-Gedichten – eine Absage an fiktive Vereinigung. Traum ist nicht Realität; man kann nicht gleichzeitig träumen und wach sein. Heine hat die Komplementarität gestaltet als eine Beziehung des wechselseitigen Ausschlusses. Dies bedeutet eine Absage an Goethes Vorstellungen: Hat die „Sehnsucht" nach dem „Anderen" Goethe zur Gestaltung einer Begegnung inspiriert, so entlarvt Heine diese Idee als Traum. Der Mangel der Fichte kann mit den komplementären Eigenschaften der Palme ausgeglichen werden –, allerdings nur dem Wunsche nach. Das Traumbild beschreibt den Träumenden und seine Wünsche, nicht aber seine realen Möglichkeiten.

Ähnlich wird das Verhältnis von Ost und West auch in dem Gedicht „Der Phönix" beschrieben:

Es kommt ein Vogel geflogen aus Westen,
Er fliegt gen Osten,
Nach der östlichen Gartenheimat,
Wo Spezereien duften und wachsen,

60 Das Gedicht gehörte eine lange Zeit nach Erscheinen noch zu den beliebtesten Werken der orientalisierenden Lyrik. Vgl. Ludwig Ammann: Östliche Spiegel. Ansichten vom Orient im Zeitalter seiner Entdeckung durch den deutschen Leser, 1800–1850, Hildesheim/Zürich/New York 1989, S. 17.

61 Vgl. die Einleitung zu dieser Arbeit.

> Und Palmen rauschen und Brunnen kühlen.
> Und fliegend singt der Wundervogel:
>
> „Sie liebt ihn! Sie liebt ihn!" (HSW I, 419–421)

Wie bei Goethe ist hier eine „Reise" beschrieben, ein Flug von West nach Ost. Der Orient erscheint als Ursprungsort mit paradiesähnlichen Zügen. Er wird zur „östlichen Gartenheimat" –, eine Szenerie wie aus 1001 Nacht. Doch das Bild des „Vogelfluges" ist vage, weniger konkret als die Reise des Handelsunternehmers im „Divan". Der „Vogel" (man denke nur an das mystische Bild des „Seelenvogels") ist Geheimnisträger und Offenbarer, und zwar im Traum:

> Sie trägt sein Bildnis im kleinen Herzen,
> Und trägt es süß und heimlich verborgen,
> Und weiß es selbst nicht!
> Aber im Traume steht er vor ihr
> [...]
> Und rufend erwacht sie und liegt erschrocken,
> Und reibt sich verwundert die schönen Augen –
> Sie liebt ihn, sie liebt ihn!

Der Orient ist Ort der Sehnsucht. Nur insofern besitzt er Realität. Der „östlichen Gartenheimat" als Traumerfahrung stehen Vernunft und Tagesgeschehen entgegen.

1.2.2 Der Orient als Ort der Poesie

Wie bei Goethe findet sich auch bei Heine die Vorstellung, im Orient sei die Poesie beheimatet. Diesen Gedanken drückt das folgende Gedicht aus:

> Auf Flügeln des Gesanges,
> Herzliebchen, trag ich dich fort,
> Fort nach den Fluren des Ganges,
> Dort weiß ich den schönsten Ort.
>
> Dort liegt ein rotblühender Garten
> Im stillen Mondenschein;
> Die Lotosblumen erwarten
> Ihr trautes Schwesterlein.
> [...]
> Dort wollen wir niedersinken
> Unter dem Palmenbaum,
> Und Liebe und Ruhe trinken
> Und träumen seligen Traum. (HSW I, 141)

Charakteristisch ist die Bewegung vom Eigenen zum Fremden. Medium ist, statt des Vogelflugs, ein Gesang –, auch er trägt hinweg. Ähnlich wie ein Traum steht der Gesang oder die Poesie der Realität entgegen: Der Orient ist Produkt der Phantasie, Wünsche nehmen dort Gestalt an. Es geht um die Realität des Dichters oder des Träumenden, nicht um die Realität eines bestimmten geographischen Ortes. „Liebe" und „Ruhe" sind bloß Elemente des „Gesanges" und letztlich „erträumt". Die Realität hält für den erträumten Zustand keinen Raum bereit.

Im Gedicht „Friederike" wird der Orient zum Bildspender:

Der Ganges rauscht, der große Ganges schwillt,
Der Himalaja strahlt im Abendscheine,
Und aus der Nacht der Banianenhaine
Die Elefantenherde stürzt und brüllt –

Ein Bild! Ein Bild! Ein Pferd für'n gutes Bild!
Womit ich dich vergleiche, Schöne, Feine,
Dich Unvergleichliche, dich Gute, Reine,
Die mir das Herz mit heitrer Lust erfüllt!

Vergebens siehst du mich nach Bildern schweifen;
Und siehst mich mit Gefühl und Reimen ringen –
Und, ach! du lächelst gar ob meiner Qual! (HSW II, 63–65)

Die indisch-orientalische Landschaft wird als dichterischer Entwurf entlarvt. In den Orient reisen heißt hier, nach entfernten „Bildern schweifen", um die „Unvergleichliche" doch mit etwas vergleichen zu können –, orientalisches Bildmaterial ist hier Instrumentarium des Liebenden wie des Dichters und als solches gekennzeichnet.

Der Poesie-Orient wird zum Spender von Bildern. In einer Reihe von Gedichten gebraucht Heine Motive aus der persisch-islamischen, mystischen Blumensprache lediglich als Schmuck und Ornament. Überall in der Romantik fand der Vokalbelfundus der Mystiker Einlaß in die Dichtung. So auch bei Heine: Werden Liebe und Liebesweh thematisiert, finden sich in seinen Gedichten stets Lotosblüten, Rosen und Nachtigallen. Vor allem die frühe Dichtung Heines ist voll von dieser Motivik.[62]

In dem Gedicht „Entartung" führt er typisches orientalisierendes Bildmaterial an und denunziert gleichzeitig dessen Gebrauch als Heuchelei:

Hat die Natur sich auch verschlechtert,
Und nimmt sie Menschenfehler an?
Mich dünkt, die Pflanzen und die Tiere,
Sie lügen jetzt wie jedermann.
Ich glaub nicht an der Lilie Keuschheit.

62 Zur mystischen Metaphorik, etwa zum Bildpaar Rose und Nachtigall, vgl. Kapitel vier.

Es buhlt mit ihr der bunte Geck,
Der Schmetterling; er küßt und flattert
Am End mit ihrer Unschuld weg.
[...]
Ich zweifle auch, ob sie empfindet,
Die Nachtigall, das, was sie singt;
Sie übertreibt und schluchzt und trillert
Nur aus Routine, wie mich dünkt.

Die Wahrheit schwindet von der Erde,
Auch mit der Treu ist es vorbei.
Die Hunde wedeln noch und stinken
Wie sonst, doch sind sie nicht mehr treu. (HSW II, 115–116)

Das orientalische Bildmaterial, ursprünglich Träger des romantischen Gedankenguts von Reinheit, Liebe, Wahrheit und Natürlichkeit, wird als Lug und Trug angeklagt, die romantische Tendenz, die Natur zu verherrlichen und als Synonym für „Wahrheit" zu setzen, als Schein entlarvt. Orient steht für Täuschung, Traum und Illusion, und schlimmer noch, für Lüge. Hinter der romantisch-reinen, keuschen Liebe zwischen Lilie und Nachtigall verbirgt sich in Wirklichkeit profane Sexualität. Das Trillern der Nachtigall – in der Mystik Sinnbild für die sich nach Gott sehnende Seele – ist zum Stereotyp, zur Formel erstarrt. Auf der Metaebene wird der dichterische Gebrauch des Nachtigallenbildes zum bloßen Klischee, zum billigen dichterischen Allgemeinplatz. So wird der Orient zum Spender sinnentleerter, doppelmoralischer Formeln, zum Ort klischeehafter Poesie. War für Goethe – wie für Herder, Schlegel, Novalis usw. – Poesie die Sprache, in der Wahrheit am unmittelbarsten zu Tage treten kann, so ist sie für Heine, nicht anders als die Alltagssprache, auch ein Mittel der Täuschung und Lüge.

1.2.3 Der Orient als Kontrastprogramm: Der verlorene Traum

Bei der dichterischen Gestaltung von Liebesbeziehungen greift Heine also auf Bilder aus dem Orient zurück und siedelt sie im Bereich des Traumes an. Über seine geographische Bestimmung hinaus wird der Topos Orient zum Stilmittel der Ironie: Realität besitzt er lediglich als Traum. Er bleibt vorläufig, utopisch, ein bloßer Verweis. In der Darstellung des Traums ist seine Aufhebung, sein Verlust beschlossen.[63] Diese Enttäuschung oder Desillusionierung, wie sie in Begegnungen mit dem realen Orient eintreten mag, wird in der Literatur selbst wieder zum Topos. So schreibt Nerval an Gautier im Jahr 1848:

63 Über das Verhältnis von Orient und Ironie bei Heine vgl. Teil drei.

> Ich habe schon Königreich nach Königreich, Provinz nach Provinz verloren, die schönere Hälfte des Universums, und bald werde ich keinen Ort kennen, an welchem ich Zuflucht für meine Träume finden kann. Aber es ist Ägypten, das ich am meisten bedaure aus meiner Vorstellungswelt vertrieben zu haben, nun da ich es traurig in meiner Erinnerung plaziert habe.[64]

Den romantischen Zyklus von Enthusiasmus und Enttäuschung gegenüber dem Orient hat Heine in dem Gedicht „Gesang der Okeaniden“[65] gestaltet: Die erste Strophe beschreibt einen „Schiffbrüchigen“, einen Mann, der „einsam, mit seiner einsamen Seele“, am Strand sitzt und mit „todtkaltem“ Blick in den Himmel schaut:

> Und über das weite, wogende Meer,
> Lüftesegler, ziehn seine Seufzer,
> Und kehren zurück, trübselig,
> Und hatten verschlossen gefunden das Herz,
> worin sie ankern wollten.

„Seufzer“ werden hier zu Möwen, „Lüfteseglern“. Wenn also in den folgenden Strophen der Mann zu den Möwen spricht, erhebt er die Stimme gegen den eigenen Kummer:

> Euer Leben ist bitter wie eure Nahrung!
> Ich aber, der Glückliche, koste nur Süßes!
> Ich koste den süßen Duft der Rose,
> Der mondscheingefütterten Nachtigallbraut;
> Ich koste noch süßeres Zuckerbackwerk,
> Gefüllt mit geschlagener Sahne;
> Und das Allersüßeste kost ich,
> Süße Liebe und süßes Geliebtsein.
>
> Sie liebt mich! Sie liebt mich! Die holde Jungfrau!
> [...]
> Nachher im Bette, im Schlafe, im Traum,
> Umgaukelt sie selig mein teures Bild,
> Sogar des Morgens, beim Frühstück,
> Auf dem glänzenden Butterbrote,
> Sieht sie mein lächelndes Antlitz,
> Und sie frißt es auf vor Liebe – wahrhaftig!

64 Gérard de Nerval: Les filles du feu, in: Oeuvres. Hg. von Albert Beguin und Jean Richet, Paris 1960.

65 HSW I, 407–411.

Mit dem Bildpaar von „Rose“ und „Nachtigall“ begibt sich Heine in einen mystisch-orientalisierenden Diskurs: Rose und Nachtigall bezeichnen gemeinhin das Verhältnis zwischen Liebendem und Geliebter, auch das lyrische Ich spricht von „süße(r) Liebe und süße(m) Geliebtsein“. Aber die Möwen stoßen ein „kaltes, ironisches Kichern“ aus, und der „Schiffbrüchige“ weiß um die Ironie seiner Situation, um Illusion und Vergeblichkeit des Traumes. Die Möwen singen ihm:

> O Tor, du Tor, du prahlender Tor!
> Du kummergequälter!
> Dahingemordet sind all deine Hoffnungen,
> Die tändelnden Kinder des Herzens,
> Und, ach! dein Herz, Nioben gleich,
> Versteinert vor Gram!

Orientalisches dient wieder zur Gestaltung eines Traumes, und darüber hinaus zur Entlarvung des Traumes als Illusion und Täuschung. Rose und Nachtigall werden zu „dahingemordeten Hoffnungen“, die ihre Versprechen niemals einlösen.
Auch im bereits erwähnten Gedicht „Friederike“[66] ist der Orient Ort von Wunsch und Phantasie, Ort unmöglicher Möglichkeit:

> Verlaß Berlin, mit seinem dicken Sande,
> Und dünnen Tee und überwitz'gen Leuten,
> Die Gott und Welt, und was sie selbst bedeuten,
> Begriffen längst mit Hegelschem Verstande.
>
> Komm mit nach Indien, nach dem Sonnenlande,
> Wo Ambrablüten ihren Duft verbreiten,
> Die Pilgerscharen nach dem Ganges schreiten,
> Andächtig und im weißen Festgewande.
>
> Dort, wo die Palmen wehn, die Wellen blinken,
> Am heil'gen Ufer Lotosblumen ragen
> Empor zu Indras Burg, der ewig blauen;
>
> Dort will ich gläubig vor dir niedersinken,
> Und deine Füße drücken, und dir sagen:
> Madame! Sie sind die schönste aller Frauen! (HSW II/1, 63–65)

Wieder wird der Orient mit Eigenschaften ausgestattet, die denjenigen des Westens komplementär gegenüberstehen. Steht der Westen für Vernunft und dialektisches Denken, so steht dagegen Indien oder der Orient für Glauben. Ähnliches drückt

66 HSW II/1, 63–65.

Goethe aus, wenn er erklärt, im Orient sei der „Glaube weit, eng der Gedanke".[67] Bei Heine wird ein Wunsch und gleichzeitig die Unmöglichkeit seiner Erfüllung formuliert. Die geographische Distanz von Berlin und Indien spiegelt erneut den Widerspruch von Wunsch und Realität. Der Orient (Indien) ist passender Rahmen für Liebesvergnügen, das in Berlin versagt bleibt.
Der „Gesang der Okeaniden" wie „Friederike" thematisieren Fremdes und Eigenes in ihrer Gegensätzlichkeit und Unvereinbarkeit. Anders als Goethe betont Heine niemals die Gleichheit sondern stets die Differenz.

1.2.4 Der Orient als Ort der Verfremdung des Eigenen

Im bereits angeführten Gedicht „Entartung" hat Heine nicht nur eine Umkehr des Gehalts der orientalischen, sondern vor allem der orientalisierenden Zeichen vorgenommen. In dem Gedicht „Rhampsenit"[68] thematisiert er erneut das Prinzip von „Doppelmoral". Das Geschehen ist ins „Morgenland" plaziert. Jedoch dient dieses lediglich als Kulisse für die Kritik an europäischer Spießbürgerlichkeit. Das „Schätzlein", das der Königstochter nachts von einem Dieb gestohlen wird, entpuppt sich als ihre Jungfräulichkeit:

Einen Zauberschlüssel hat er
Der erschließet allerorten
Jede Türe, widerstehen
Können nicht die stärksten Pforten.

Ich bin keine starke Pforte
Und ich hab nicht widerstanden,
Schätzehütend diese Nacht
Kam ein Schätzlein mir abhanden.

Heine macht sich die Doppeldeutigkeit der Sprache zunutze: Der Schatz am ägyptischen Hof steht für die Jungfräulichkeit, die wie ein Schatz zu hüten ist. Eine orientalische Szenerie bildet den Ort, um europäisch-bürgerliche Doppelmoral zu verfremden und zu entlarven.

Der „Schatzräuber", ein Dieb, den es eigentlich zu fassen gilt, wird nicht bestraft, sondern – entgegen bürgerlicher Erwartung – auch noch belohnt:

Zur Ermittelung des Täters
Ließen schlafen wir die Tochter
Bei den Schätzen – doch auch jene
Zu bestehlen schlau vermocht er.

67 GSW I/3,1, 12.
68 HSW II/1, 11–13.

Um zu steuern solchem Diebstahl
Und zu gleicher Zeit dem Diebe
Unsre Sympathie zu zeigen
Unsre Ehrfurcht, unsre Liebe,
Wollen wir ihm zur Gemahlin
Unsre einz'ge Tochter geben
Und ihn auch als Thronnachfolger
In den Fürstenstand erheben.

Bürgerliche Tugendhaftigkeit und Wohlanständigkeit gebieten es, die Schande zu vertuschen. Um den äußeren Schein zu wahren, wird die Königstochter mit dem niedrigsten der Niedrigen, einem Dieb, verheiratet. Diejenigen, die seine Feinde waren, bringen ihm jetzt „Sympathie", „Ehrfurcht" und „Liebe" entgegen, er erhält die Hand der Tochter und, zu guter letzt, sogar die Thronfolge:

Rhampsenit hat Wort gehalten.
Nahm den Dieb zum Schwiegersohne,
Und nach seinem Tode erbte
Auch der Dieb Ägyptens Krone.

Kritik an der bürgerlichen Sexualmoral vereint Heine mit Spott über die Regierungsform:

Er regierte wie die andern,
Schützte Handel und Talente;
Wenig, heißt es, ward gestohlen
Unter seinem Regimente.

Die „Diebeskunst" des gesellschaftlichen Außenseiters, der Grund seiner Verhaftung, wird unter den neuen Bedingungen zur Auszeichnung. Das bürgerliche Wertesystem wird als willkürlich und relativ entlarvt. Es ist kein System der Gerechtigkeit oder göttlichen Wahrheit, sondern interessenabhängiger Willkür. So entwächst dem naiv-märchenhaften Orient-Bild die „verschlüsselte" Kritik an der bürgerlichen Moral. Während üblicherweise der „Spießer" zum „Exotisten" wird, der verbotene Wünsche in die ferne Fremde verlagert, versetzt Heine hier den Spießer selbst in den Orient. Eine solche „orientalische Mimikry" nach dem Vorbild von Montesquieus „Lettres Persanes" war zur Zeit Heines nicht selten. Aufklärerische Sozialkritik bediente sich gerne der Verkleidung des Eigenen im Fremden. Hier ist das Exotisch-Fremde das Eigene in verfremdeter Gestalt, das als „heilsames Korrektiv" fungiert.[69]

69 Vgl. Gerhard Pickerodt: Aufklärung und Exotismus. In: Die andere Welt. Studien zum Exotismus. Hg. von Thomas Koebner und Gerhard Pickerodt, Frankfurt am Main 1987, S. 129.

Wenn Heine also von sich sagt: „Ich bin stolz darauf, Perser zu seyn“,[70] dann findet hier keine intendierte Identifikation statt wie zwischen Goethe und Ḥāfiẓ, sondern eine Kritik am Eigenen durch fiktive Faktizität des Fremdseins. Hinter dieser Art der Maskierung oder Verkleidung steht die Absicht, die „alte Welt“ mit „neuen Augen“ wahrzunehmen.

Die Ost-West-Dichotomie ist bei Heine folgendermaßen gestaltet: Sein Orient ist weder geographischer Ort noch eigenständige Nation noch aktiver Austauschpartner noch, wie bei Goethe, fiktiver Dialogpartner. Heine verweist, anders als Goethe, weder auf Quellen, historische Gestalten noch sonstige real-fiktive Bezugspunkte. Heines Orient ist, einerseits, stärker reduziert, andererseits aber weniger faßbar. Er dient als Bildspender, als Fundgrube für Ausdrucksmöglichkeiten, wenn es um Liebe und Liebesenttäuschung geht. Darüber hinaus stellt der Orient eine Art „Korrektiv“ komplementär zur Realität oder eine Folie dar, auf der Eigenes verfremdet dargestellt und damit leichter bewußt gemacht werden kann.

Hatte Friedrich Schlegel noch formuliert: „Im Orient müssen wir das höchste Romantische suchen“,[71] so führt bei Heine diese Suche zur Desillusionierung. Das Vorgehen Heines erinnert an Foucault, der zum Thema Orient-Abendland von einem Verhältnis „wechselseitigen Ausschlusses“ gesprochen hat. So gestaltet Heine die Idee des „verlorenen Traumes“. Das Traumbild des Orients wird auf Formeln und Stereotype reduziert, die das Erträumte als Konstrukt erkennen lassen. Zwar dient das Konstrukt als Gegenkonzept zur unerwünschten Realität, gleichzeitig aber ist es als Kunstgebilde entlarvt. Dieses wird dekonstruiert, so daß eine Verbindung der beiden Entitäten als reale Möglichkeit nicht in Frage kommt. So erscheint die Dichotomie zwischen Ost und West – nicht im Sinne geographischer Einheiten, sondern in einem Verhältnis von Traum und Realität – radikalisiert und unüberwindbar.

Indem das Ost-West-Verhältnis dem Verhältnis von Traum und Realität gleicht, ist es mit Qualitäten der menschlichen Psyche ausgestattet. Der Orient wird nicht nur zu einem äußerlichen Gegenüber, sondern auch zu einem Innen-Raum. Anders als Goethe zieht Heine die Demarkationslinie zwischen Fremdem und Eigenem nicht nur zwischen Nationen und Individuen, sondern auch quer durch das eigene Ich.[72]

Heine arbeitet mit den Stilmitteln Witz und Ironie: Der komische Effekt wird dadurch erzielt, daß weit Auseinanderliegendes (geographisch wie zeichenhaft) aufeinander bezogen wird.[73] Ironisch ist auch die reduzierte, skeletthaft anmutende

70 Brief an M. Moser vom 21. Januar 1824, In: Heinrich Heine. Säkularausgabe. Werke, Briefwechsel, Lebenszeugnisse. Hg. von der Nationalen Forschungs- und Gedenkstätte er klassischen deutschen Literatur in Weimar und dem Cente National de la Recherche Scientifique. Band 20: Briefe 1815–1831. Bearbeitet durch Fritz Eisner, Berlin/Paris 1970. Im folgenden abgekürzt durch HSA, Band- und Seitenzahl.

71 Zitiert bei Said, a.a.O., S. 157.

72 Vgl. Kapitel drei zum Begriff der „Zerrissenheit“ in der Romantik und bei Heine.

73 Vgl. ausführlicher dazu Kapitel drei.

Form der Zeichen, die es als konstruiertes Klischee und „Wahrheit“ als relativ oder gar als Täuschung entlarvt. Während es Goethe um die Darstellung des Anderen geht, läßt Heine diese Darstellung als Gegenkonzept, als bloßen Traum, erkennen. Von einer Ost-West-Synthese, von Ideenaustausch, von „Reise“ und „Handel“ ist bei Heine keine Rede mehr. Sein Orient ist ein der Realität komplementär entgegengestellter Ort des Traumes, eine verkleidete und verfremdete Version des Eigenen. Die Dichotomie, die Goethe als Spiegelung der Gleichheit des Anderen gestaltet hat, erweist sich bei Heine als unüberwindlich (Traum und Realität decken sich nicht) oder aber als identisch (das Fremde ist nur eine verkleidete Realität; nur das Eigene läßt sich darstellen).

Damit hat Heine nicht den Orient an sich, statt dessen aber die Orientbegeisterung seiner Zeitgenossen abgelehnt und als dichterische Konstrukte kenntlich gemacht. Der „verlorene Traum“ bezeichnet weniger den Verlust eines „realen“ Orients, vielmehr markiert er den Verlust des Orients der orientalisierenden Dichter des 19. Jahrhunderts.

2 Der Orient-Diskurs im 18. und 19. Jahrhundert

Ehe Goethe und Heine ihr jeweiliges Orient-Bild gestalteten, wurde längst ein Orient-Diskurs geführt. Hier sollen nicht detailliert die Quellen betrachtet werden, auf die sich Goethe und Heine bezogen und aus denen sie ihr Material schöpften.[74] Vielmehr sollen Mentalität und Zeitgeist berücksichtigt werden, wie sie das Thema „Orient" im 18. und 19. Jahrhundert mitgestalteten und ihren Niederschlag in den Werken Goethes und Heines fanden. Said weist darauf hin, daß im 18. und 19. Jahrhundert der Orient als Idee geprägt war, die eine Tradition und ein – zumal für den Westen – feststehendes Vokabular, verbunden mit einer bestimmten Bildwelt, besaß.[75] Seiner Meinung nach ist im

> Wissenssystem über den Orient [...] der Orient weniger ein (geographischer) Ort als ein Topos, ein Satz von Referenzen, eine Anhäufung von Charakteristiken.[76]

Wer immer über den Orient schreibt, übernimmt ein orientalistisches Präzedenz. Jedes Werk über den Orient stellt sich in einen Zusammenhang mit anderen Werken. Daraus entsteht ein Ensemble von Beziehungen, die eine analysierbare Formation ergeben.

Eine Hauptthese Saids lautet, daß jedes neue Werk über den Orient den grundlegenden Konsens, der die orientalische Minderwertigkeit zum Inhalt hat, bestätigt:

> Der Orientalismus bildete eine Art von Konsensus heraus: bestimmte Dinge, bestimmte Feststellungsweisen, bestimmte Arbeitstypen scheinen dem Orientalisten korrekt. Er baute sein Werk und seine Forschung darauf auf, und diese wiederum hat neue Schriftsteller und Wissenschaftler sehr beeinflußt. Der Orientalismus kann somit als eine Art regulierten Schreibens, der Vision und des Studiums gesehen werden, das durch Imperative, Perspektiven und ideologische Vorurteile geprägt ist, die offensichtlich dem Orientalismus angepaßt waren.[77]

Zu fragen ist, ob der Gebrauch orientalisierender Formeln tatsächlich eine Art „regulierten Schreibens" darstellt. Haben Goethe und Heine den bereits vorhande-

74 Diese Arbeit wurde für beide Dichter bereits geleistet, vgl. v.a. Mommsen, Fendri und Pfeifer, a.a.O.

75 Vgl. Said, a.a.O., S. 9.

76 Said, a.a.O., S. 201.

77 Said, a.a.O., S. 227.

nen Diskurs nur re-präsentiert, bestätigt und bestenfalls variiert, oder haben sie ihn gesprengt? Reproduktion des Altbekannten bedeutet ja nicht, daß auf ausschweifendes Fabulieren und Phantasieren verzichtet werden muß: So verweist Said darauf, daß der thematisierte Ort real unbekannt bleibt. Kaum einer der Autoren, die im 18. und 19. Jahrhundet über den Orient geschrieben haben, haben ihn selbst bereist. Der unbekannte Ort scheint in der Literatur mit jeder Art von Aberglauben, Fiktion oder Assoziation belegt werden zu können.[78]

Gilt dieses Urteil auch für Goethe und Heine? Beide haben den Orient nie bereist, sie waren also auf Texte und (eigene) Phantasien angewiesen. Der Realitätsgehalt der Quellentexte ist begrenzt, denn die Realitäten, auf die sie sich berufen, haben sie größtenteils selbst erschaffen.[79] Der aus der Dialektik von textueller Vorlage und Fiktion entstandene Orient war für Said

> vor allem ein wissenschaftlicher oder zumindest ein klassischer Orient; er wurde Thema der Wissenschaft, von Lyrik, von Phantasien und von Romanen, aber nicht politisch aktuell.[80]

Zu untersuchen ist, ob dieser Vorwurf auch auf das Orient-Bild Goethes zutrifft. Gerade eine unpolitische Haltung wird Goethe ja von Heine zum Vorwurf gemacht, der versucht, auch den Orient der „Tagespolitik" mit einzubeziehen.

2.1 Zeitgeist bei Goethe

2.1.1 Ursprungsgedanken

Gleich zu Anfang, im Eingangsgedicht des „Divan", „Hegire"[81], formuliert Goethe Gedanken, die dem „Trend der Zeit" ganz und gar verhaftet sind. Seine auf den Orient gerichteten Erwartungen benennt er in der zweiten Strophe:

> Dort, im Reinen und im Rechten
> Will ich menschlichen Geschlechten
> In des Ursprungs Tiefe dringen,
> Wo sie noch von Gott empfingen
> Himmelslehr in Erdensprachen,
> Und sich nicht den Kopf zerbrachen.

78 Said, a.a.O., S. 66.
79 Said, a.a.O., S. 110.
80 Said, a.a.O., S. 28.
81 GSW I/3,1, 12.

In zweifacher Hinsicht wird hier der Orient als Ort des Ursprungs charakterisiert. Er ist sowohl Ursprungsort des Menschengeschlechts als auch der menschlichen Sprache.

2.1.1.1 Ursprung der Menschheit

Die Vorstellung vom Ursprung der Menschheit entspricht der im 18. und 19. Jahrhundert verbreiteten Idee einer evolutionären, teleologischen Entwicklung der Geschichte: Alle Völker sind aus einem gemeinsamen Ursprung hervorgegangen und entwickeln sich auf ein gemeinsames Ziel hin. In seinen „Ideen zur Philosophie der Geschichte der Menschheit"[82] hat Herder die Spezifika der Völker auf ihre jeweiligen Lebensbedingungen zurückgeführt. Darüber hinaus aber betonte er die grundsätzliche Einheit der menschlichen Gattung – Erscheinungsformen deuten also keinesfalls auf unterschiedliche Herkunft hin. Weil nämlich

> der menschliche Verstand in der Vielartigkeit Einheit sieht und der göttliche Verstand, sein Vorbild, mit dem zahllosesten Mancherlei auf der Erde Einheit vermählt hat: so dürfen wir auch hier aus dem ungeheuren Reich der Veränderungen auf den einfachen Satz zurückkehren: nur ein und dieselbe Gattung ist das Menschengeschlecht auf Erden.[83]

Wie Herder – und neben ihm etwa Kant und Voltaire – vertrat auch Goethe die Vorstellung einer Monogenese, der Einheit der menschlichen Gattung trotz aller Mannigfaltigkeit ihrer Erscheinungsformen.[84] Die Entwicklung ist jedoch nicht zeitgleich und parallel vorangeschritten, so daß sich die einzelnen Völker auf verschiedenen Entwicklungsstufen befinden. In diesem Punkt waren sich die Vertreter der verschiedenen philosophischen Richtungen durchaus einig. Diese „Tatsache" konnte aber verschieden interpretiert werden. Eine Deutung lautete: Da sich der Westen am schnellsten entwickelt und immer als erster die jeweils höhere Stufe erreicht hat, stellt er für die anderen Nationen das Vorbild dar. Er fungiert als „Möglichkeit", zu der die Kultur der niedrigeren Stufe erst gelangen muß. So bezeichnet Herder den Europäer als „Thronsitzer des 18. Jahrhunderts" und erhebt europäische Errungenschaften und Moralbegriffe zum Richtmaß und Ziel der anderen Kulturen. Im 18. Jahrhundert ist die Stufenpyramide Sinnbild einer vermeintlich natürlichen Hierarchie, die im (europäischen) Menschen gipfelt.

Eine andere Deutung, die spätestens seit Rousseau an Beliebtheit gewann, ging dagegen von einem geschichtlichen Prozeß fortschreitender Degradierung aus: Die westliche Kultur, zwar weiter fortgeschritten, ist degenerierter als die anderen Kul-

82 Johann Gottfried Herder: Ideen zur Philosophie der Geschichte der Menschheit. In: Sämtliche Werke, Band XIII. Hg. von Bernhard Suphan, Berlin 1892.

83 Herder, a.a.O, S. 255.

84 Vgl. Bitterli, a.a.O., S. 327.

turen.[85] Abgesehen von der Perspektive war Herders Überzeugung Gemeingut: Die verschiedenen Völker repräsentieren verschiedene Ebenen der Perfektion. Christen und Atheisten teilten die Überzeugung, das Universum unterliege einer hierarchisch strukturierten Ordnung. In der „Kette der Lebewesen" sahen sie die „hohe Weisheit des Schöpfungsplanes" illustriert.[86]

Die Idee der Einheit, die der Verschiedenheit zugrunde liegt, und die Annahme einer teleologischen Entwicklung der Geschichte, die die verschiedenen Kulturen auf unterschiedlichen Sprossen der Entwicklung wähnt, stellt eine „Gleichzeitigkeit des Ungleichzeitigen" dar. Sie ermöglicht es, in der Hinwendung zur Fremdkultur eine Rückwendung zur eigenen, verlorenen kulturellen „Kindheit" zu vollziehen. Schiller verleiht diesem Gedanken Ausdruck:

> Die Entdeckung, welche unsere europäischen Seefahrer in fernen Meeren und auf entlegenen Küsten gemacht haben, geben uns ein ebenso lehrreiches als unterhaltendes Schauspiel. Sie zeigen uns Völkerschaften, die auf den mannigfaltigesten Stufen der Bildung um uns herum gelagert sind, wie Kinder verschiedenen Alters um einen Erwachsenen herumstehen und durch ihr Beispiel ihm in Erinnerung bingen, was er selbst vormals gewesen und wovon er ausgegangen ist.[87]

Was Schiller hier formuliert, traf auch für Goethe zu. Für ihn barg die Rückwendung zur „ursprünglichen" Kultur der Araber neben dem Interesse an der fremden Kultur auch den Reiz der Begegnung mit eigener Vergangenheit. Gerade der Orient bot sich für ein nostalgisches Beschwören eigener „Kindheit der Kultur" in mehrerer Hinsicht an: Er gilt als Wiege der Weltreligionen Judentum, Christentum und Islam, ein Ort kollektiver Identifizierung. Was immer die verschiedenen Religionen und Kulturen an Spezifischem hervorgebracht haben, ging aus einem universalen Urgrund hervor. Wenn Goethe im Gedicht „Hegire" von der „Jugendschranke" spricht und die Hoffnung äußert, ihn möge „Chisers Quell" unter „Lieben, Trinken, Singen" „verjüngen", so liegt die Vorstellung der orientalischen Fremdkultur als einer Art „Jungbrunnen" zugrunde. Des „Ursprungs Tiefe", in die der Dichter vordringen möchte, ist nicht nur die der Fremd- , sondern auch die der eigenen Kultur.

Ihren eigenen Ursprung haben die Religionen mit der Vorstellung vom Goldenen Zeitalter oder dem Paradies verknüpft. Das Jetzt wird auf einen ursprünglichen Zustand bezogen, eine uranfängliche Daseinsform der Menschheit, die frei war von allem, was im Hier und Heute belastet und müht.

In vielen Kulturen und Religionen finden sich Vorstellungen eines glücklichen, paradiesischen Anfanges mit nachfolgendem Zerfall. Die jüdisch-christliche Idee

85 Zu den Begriffen „Barbar" oder „edler Wilder" als antonyme Bezeichnungen des Fremden vgl. weiter unten.

86 Vgl. Bitterli, a.a.O., S. 215 ff.

87 Friedrich Schiller: Was heißt und zu welchem Ende studiert man Universalgeschichte? (Jenaer-Antrittsvorlesung) 1789, zitiert nach Bitterli, a.a.O., S. 205.

eines Paradieses, das dem Menschen verlorenging, so daß er fortan „im Schweiße seines Angesichts sein Brot essen" muß, findet u.a. auch in einem mythischen Geschichtsentwurf Hesiods ihren Ausdruck: Der griechische Dichter hat im achten Jahrhundert vor Christus die Menschengeschichte in ein goldenes, silbernes, ehernes und eisernes Zeitalter aufgeteilt und dabei eine Abwärtsbewegung aus der Glückseligkeit in die Armseligkeit unterstellt.[88] Daß Goethe solche Vorstellungen teilte, bestätigt er, wenn er das „Reine", „Rechte" und „Ursprüngliche" im Orient lokalisiert sieht. Dort ist der „Glaube weit, eng der Gedanke", denn in den alten Arabern sieht er Menschen, die sich „nicht den Kopf zerbrachen". Hingegen leidet der westliche Mensch an der komplex-komplizierten Vernunftgesellschaft des Abendlandes. (Gewiß trug sich Goethe nicht mit Gedanken, die darauf zielten, die Vernunft abzuschaffen. Vielmehr scheint er mit Vorstellungen einer stärker emotional und religiös geprägten Gesellschaft kokettiert zu haben.)

Urs Bitterli weist darauf hin, daß die Gleichsetzung fremder Kulturen mit dem gemutmaßten Urzustand der Menschheit das „Eingeborenenbild" geprägt hat, seit Menschen von verschiedener Kulturentwicklung sich begegneten.[89] Zur Eigenschaft der (realen wie fiktiven) Reise gehört es ja, sich nicht nur im Raum, sondern auch in der Zeit zu bewegen. Auch Goethe bringt sich dabei die eigene kulturelle und individuelle Vergangenheit in Erinnerung. Er bewegt sich als „Reisender" nicht nur zwischen den Kulturen, sondern auch zwischen Urzeit und Jetztzeit. Als „Handelsmann" in der Vergangenheit wie in der fremden Kultur sammelt er „Waren" für die Zukunft. In der Orientierung an der Vergangenheit (die im Jetzt der Fremdkultur gegenwärtig ist) entdeckt er Richtlinien für die Zukunft, den Stoff für reale Utopien. Somit weist Goethes „Reise" Strukturanalogien zu jedem Mythos auf, denn immer ist es der Anfang, der Bedeutung für alle Zukunft setzt. Alles, was jetzt ist, gewinnt in seiner Bezogenheit auf diesen Ursprung Sinn, Ordnung und Bedeutung. Goethes Orient-Bild ist also die Frucht der in die Vergangenheit verlagerten Jetztzeit. Anders als bei seiner Identifizierung mit Ḥāfiẓ, die die Gleichartigkeit des Eigenen im Fremden betont, erscheint Goethes Bild vom Fremden hier auch als das, was das Eigene nicht ist. Die Fremde kann nicht nur Synonym, sondern auch Antonym sein. Dies ist jedoch nur ein Durchgangsstadium. Denn am Ziel könnten Endzeit und Urzeit wieder eins werden.

2.1.1.2 Ursprung der Sprachen

In der eingangs zitierten Strophe von „Hegire" findet sich ein weiterer Aspekt des Ursprungsmythos: derjenige der Ursprache. Wie Condorcet, Rousseau, Herder und später Nietzsche war auch Goethe der Ansicht, daß der Mensch mit der „Erfindung" der Sprache in den Lauf der Geschichte eingetreten sei.[90] Wer nach dem Ursprung

88 Vgl. hierzu und zu den folgenden Gedanken: Bitterli, a.a.O., S. 377 f.

89 Bitterli, a.a.O., S. 378.

90 Vgl. Bitterli, a.a.O., S. 290.

der Sprache sucht, sucht nach dem Beginn der Geschichte. Den findet er im Orient, wo die Menschen „noch von Gott empfingen/Himmelslehr in Erdensprachen/Und sich nicht den Kopf zerbrachen“.[91]

Die Ursprache stammt unmittelbar von Gott. Dieser offenbart sich nämlich nicht nur in der Natur, sondern auch in der Sprache. Als Grundlage der verschiedenen spezifischen Sprachen der unterschiedlichen Kulturen und Nationen nahm das 18. Jahrhundert eine anfängliche Universalsprache göttlichen Ursprunges an. Diese Ursprache lokalisierte man im Orient. Verbreitet war die Theorie vom Hebräischen als der Ursprache, eine Annahme, in der sich Wissenschaft und Mythologie trafen: Die historische Erforschung von Sprache und Sprachfähigkeit der Menschen waren verquickt mit religiösen Ansprüchen und Interessen. In der Entdeckung eines gemeinsamen Zeichenfundus in Poesie und Mythologie glaubte man, die „wahre“, das heißt, „göttliche“ Sprache zu erkennen. Denn bei der Ursprache handelt es sich nicht um eine profane Alltagssprache. In der Ursprache war die Trennung in profane, religiöse und poetische Sprache noch nicht vollzogen. Als Sprache des Korans reklamiert das Arabische einen direkten Bezug zum Schöpfergott. Der Koran ist ja angeblich keine vom Menschen aufgeschriebene Überlieferung, sondern unmittelbar durch das Sprachrohr Muḥammad von Gott offenbart. Vergleichbar der Lehre von der Inkarnation Jesu in die Jungfrau Maria wird die „Inlibration“ des Wortes Gottes in den Analphabeten Muḥammad geglaubt.

Die ursprüngliche göttliche Sprache ist eins mit der Poesie, in der ebenfalls Wesenhaftes und Essentielles ausgedrückt wird. Auf diese Weise erschien der Romantik Poesie als Universalsprache und als Synonym für Wahrheit. Poesie war die Sprache, die allen Kulturen gleichermaßen zugänglich war, die Schranken und Sprachbarrieren überwand und Fremdverstehen ermöglichte. Nicht nur der Zugang zum Fremden, auch die Annäherung an das göttliche Prinzip erfolgte via Poesie: „Nicht Gott, aber göttlich können wir erkennen und auch bilden.“[92] Poesie erlaubte es, sich dem Göttlichen sowohl rezeptiv als auch produktiv anzunähern. Auch Herder vertrat in den „Ideen“ die Ansicht, daß „Urpoesie“ „göttlich“ sei:

> Die hohe Poesie [...] je älter hinauf, desto mehr erscheint sie in einer Würde und Einfalt, die durch sich selbst den Namen des Göttlichen verdient.[93]

Auf der Suche nach einer Welt, die von Poesie, Religion und Ästhetik bestimmt war, wandten sich die Dichter in den Orient. Den Zusammenhang von „Ursprung“, „Natur“ und „Sprache“, von „Offenbarung“ und „Poesie“ hebt Goethe in den „Noten“ wiederholt hervor:

91 GSW I/3,1, 12.

92 Friedrich Schlegel: Kritische Ausgabe. Band XVIII. Hg. von Lieselotte Dieckmann, Paderborn/München/Wien 1980, S. 378.

93 Herder, a.a.O., S. 410.

> Naive Dichtkunst ist bei jeder Nation die erste, sie liegt allen folgenden zum Grunde; je frischer, je naturgemäßer sie hervortritt, desto glücklicher entwickeln sich die nachfolgenden Epochen. (GSW 3/1, 140)

Die „naturgemäße", „naive" Grundlage der Poesie wirkt sich nach Ansicht Goethes auf alle weitere Kulturentwicklung aus. Wieder ist es der Zauber des Anfangs, der Anfang der Dichtung, der Maßstäbe setzt und die Basis für die Beurteilung der Gegenwart abgibt. Eine Art poetisches Sprach-Paradies scheint Goethe in der altarabischen Poesie gefunden zu haben:

> Dabei läßt sich [...] auffallend bemerken, daß die ältesten Dichter, die zunächst am Naturquell der Eindrücke lebten und ihre Sprache dichtend bildeten, sehr große Vorzüge haben müssen; diejenigen, die in eine schon durchgearbeitete Zeit, in verwickelte Verhältnisse kommen, zeigen zwar immer dasselbe Bestreben, verlieren aber allmählich die Spur des Rechten und Lobenswürdigen. (GSW 3/1, 197/198)

Das „Reine" und „Rechte", das Goethe in „Hegire" im Orient lokalisiert hatte, gewinnt nun deutlichere Gestalt: Es geht nicht nur allgemein um Ursprünglichkeit der Menschheit, sondern um Ursprünglichkeit der Poesie. Im Orient hofft er, diese Ur-Poesie zu finden. Gab es im Paradies noch keinen Unterschied zwischen gut und böse, so kannten, Goethes Ansicht nach, die alten Araber noch keine Trennung zwischen Poesie und profaner Alltagssprache. Die Sprache des Alltags wurde „dichtend" gebildet. Wie die Menschengeschichte, so unterliegt aber auch die Sprachentwicklung einem Prozeß der Degradierung. Goethe sah in der eigenen Kultur das „Rechte" und „Lobenswürdige" bereits recht verwässert. Seine Strategie, eine Reise in die Vergangenheit zu unternehmen, um sich dort verlorene Poesietechniken anzueignen, stellt keinen Einzelfall dar. So antwortete etwa Hamann[94] 1762 auf die von ihm selbst gestellte Frage: „Wodurch sollen wir die ausgestorbene Sprache der Natur wieder aufwecken?" mit der Entgegnung: „Durch Wallfahrten nach dem glücklichen Arabien, durch Kreuzzüge nach den Morgenländern und durch die Wiederherstellung ihrer Magie."

In seinem Versuch der Rückwendung zum Ursprung der Menschheit und der menschlichen Sprache als poetischer Universalsprache folgte Goethe also dem Zeitgeist. Im Orient sah das 19. Jahrhundert die Wiege der Sprachen und Religionen. Die Hinwendung zu fremden Kulturen versprach immer auch ein Gewahrwerden der eigenen Ursprünge und Orientierung für die Zukunft. Strukturanalog zum Mythos hat Goethe auch seinen Orient als geschlossenes System, das essentialistische Wahrheiten birgt, gestaltet. So spricht er vom „unwandelbaren Orient"[95] und unter-

94 Hamann: Sämtliche Werke. Hg. von Josef Nadler, Band II, S. 211. Zitiert nach: Bengt Algot Sorensen: Symbol und Symbolismus in den ästhetischen Theorien des 18. Jahrhunderts und der deutschen Romantik, Kopenhagen 1965, S. 136.

95 GSW I/3,1, 183, Kapitel „Neuere, Neueste".

schlägt dessen Dynamik und Geschichtlichkeit. Alle Erscheinungen werden zusammen mit dem Anfang gedacht, was den Eindruck eines „synchronischen Essentialismus“[96] erweckt. Goethe sucht Ursprungserfahrungen, deshalb wählt er entsprechende Motive aus und setzt sie zur eigenen Zeit in Bezug. Dies entspricht der von Said kritisierten Zusammenschau von Anfang und Jetztzeit,[97] die als verbreitete mythische Grundstruktur menschlichen Denkens angesehen werden kann.[98] Wenn Goethe im Kapitel „Endlicher Abschluß“ die Absicht kundtut, „den uräItesten, abgeschiedenen Orient an den neuesten, lebendigsten anzuknüpfen“,[99] dann ist hier einmal mehr eine solche „Zusammenschau“ von Urzeit und Jetztzeit zur Sprache gebracht.

2.1.2 Vernunft und Einfühlung

Goethe wie Herder betonten das Daseinsrecht jeder Kultur und jeder Epoche. Sie waren bemüht, Geschichte nicht bloß als Rekonstruktion des gegenwärtigen Zustandes aufzufassen. Gleichzeitig hielten sie an der Vorstellung eines allen gemeinsamen Ursprunges fest. Die Unterschiede zwischen den Kulturen erklärte man sich seit Montesquieu mit der Theorie einer „physisch-klimatischen Einwirkung auf Bildung menschlicher Gestalt und körperlicher Eigenschaften“.[100] Goethe übertrug diese Vorstellung sogar auf die Regierungsformen („Republik“, „Aristokratie“, „Anarchie“ und „Despotie“) und leitete daraus das Dasein „moralisch- klimatischer Charaktere“ ab. Jedes Spezifikum, das Goethe am Fremden wahrnimmt, ordnet er der Idee des Universalismus unter. Er sah, daß der Mensch Teil an Charakter und Geist seiner Nation, darüber hinaus aber auch am allgemeinen Entwicklungsprozeß hat, dessen einzelne Phasen aufeinander bezogen sind. Wenn Goethe im Kapitel „Lehrer“ über W. Jones sagt, er erfreue sich

> der doppelt schönen Gabe, einmal eine jede Nation in ihren eigensten Verdiensten zu schätzen, sodann aber das Schöne und Gute, worin sie sämtlich einander notwendig gleichen, überall aufzufinden, (GSW 3/1, 270)

so geht es ihm darum, die „Essenz“ des „Schönen und Guten“ als verbindendes Element des allen Gemeinsamen herauszustellen. Im Rückgriff auf die Urelemente arabischer Poesie eignet man sich also nicht nur Fremdes, sondern auch verlorengegangenes Eigenes an. Das „Schöne und Gute“ ist allen Nationen gleichermaßen zuteil geworden. Im Rückgriff auf das Vergangene wie im Blick auf das Fremde ist die Utopie der Verwirklichung des eigenen Wesens zum Greifen nahe:

96 Vgl. Said, a.a.O., S. 169.
97 Vgl. Said, a.a.O., S. 263.
98 Vgl. Mircea Eliade, Geschichte der religiösen Ideen.
99 GSW I/3,1, 283.
100 GSW I/3,1, 162.

> Wer den Dichter will verstehn
> Muß in Dichters Lande gehn;
> Er im Orient sich freue,
> Daß das Alte sei das Neue.[101]

Das Aufspüren verschütteter Vergangenheit kann wertvolle Hinweise für die eigene dichterische Gestaltung bieten. Hinter dem „Schönen und Guten", an dem alle Kulturen teilhaben, ist Goethes Konzept von „Vernunft" als Medium des Fremdverstehens zu erkennen. Wie Herder, so glaubte auch Goethe daran, daß gelegentliche Rückschläge oder Stagnation die Tatsache nicht zu überdecken vermögen, daß die Stimme der Vernunft jedermann zugänglich, daß die Menschheit als ganze sowie jeder einzelne Mensch zur Vervollkommnung fähig seien. Wer vom rechten Weg abgekommen ist, kann im Blick auf andere Zeiten und andere Kulturen die fundamentalen und wahren Werte wiedererkennen.

Da alle Vielfalt aus einem Urgrund hervorgegangen ist, wurde, wenn es im 18. und 19. Jahrhundert um Fremdverstehen ging, der von Herder geprägte Begriff der „Einfühlung" neben dem der „Vernunft" zu einem wichtigen Schlagwort. Fremdverstehen bedeutete weniger ein intellektuelles Erforschen als ein gefühlsmäßiges, instinkthaftes Suchen. Die Fähigkeit zur Einfühlung als eine identifikatorische Einstimmung auf das Differente und Fremdartige wurde geradezu zu einem Kennzeichen des gebildeten, universalistisch eingestellten Menschen.[102] Das folgende Fragment von Novalis verdeutlicht dies:

> Der vollendete Mensch muß gleichsam zugleich an mehreren Orten und in mehreren Menschen leben.[103]

Goethes Nähe zu Ḥāfiẓ, wie sie in der „Zwillingsbrüderschaft" zum Ausdruck kommt, Goethes Verständnis für dessen Dichtung, für die von Ḥāfiẓ gewählten Themen, die von Ḥāfiẓ aufgezeigten Probleme mit der Orthodoxie sind Konsequenzen solcher Haltungen: „Einfühlung" ermöglicht über zeitliche und räumliche Schranken hinweg angeblich mehr Kenntnis des Fremden als eine bloß intellektuelle Beschäftigung mit ihm. Die Verbundenheit des „Sich-Einfühlenden" mit dem Gegenüber resultiert aus der Kraft der Empfindung. Goethe drückt den Erfolg der Einfühlung im Gedicht „Beiname"[104] so aus: „Und so gleich' ich dir vollkommen". Im „Morgenblatt" schreibt Goethe über den Verfasser des „Divan", also über sich selbst, er „freut sich an den Sitten, Gebräuchen, an Gegenständen, religiösen Gesinnungen und Meinungen, ja er lehnt den Verdacht nicht ab, daß er selbst ein Muselmann sei".[105] Daß die Forderung nach Einfühlung bis zur Iden-

101 GSW I/3,1, 266, Kapitel „Entschuldigung".

102 Vgl. Julia Kristeva: Fremde sind wir uns selbst, Frankfurt am Main 1990, S. 197.

103 Novalis: Neue Fragmente Nr. 146. Werke und Briefe, München 1962, S. 435.

104 GSW I/3,1, 28.

105 Morgenblatt für Gebildete Stände vom 24.2.1816, GSW I/3,1, 549.

tifikation durchaus auch dem Zeitgeschmack entsprach, geht daraus hervor, daß selbst Napoleon zu Beginn seines Feldzuges nach Syrien und Ägypten am 2. Juli 1798 vor dem Volk von Alexandria erklärt hatte: „Nous sommes les vrais musulmans".[106] Wie problematisch allerdings diese Seite der „Einfühlung" ist, ist mittlerweile hinlänglich bekannt: Sie kann als „intellektuelle Besitzergreifung"[107], als Kolonialisierung „von innen" betrachtet werden.[108] Wissenschaftler und Orientalisten begleiteten Napoleon, um die äußerliche durch innere Besitzergreifung zu ergänzen.

2.1.3 Mikro- und Makrokosmos, Analogiedenken

Der Gedanke der Einheit in der Vielfalt der Erscheinungen entsprach der Vorstellung des Zusammenhangs von Mikro- und Makrokosmos. Gott offenbart sich in der Natur –, das ist einer der zentralen Gedanken, die Herder in den „Ideen zur Philosophie der Geschichte der Menschheit" formulierte. In den Einzelheiten wie in der Gesamtheit der Erscheinungen offenbart sich der eine Schöpfergott. Die Welt ist Theodizee Gottes, und die Aufgabe des Menschen ist es, dies zu erkennen. Dieses Analogiedenken und die Vorstellung von Mikro- und Makrokosmos hat Goethe im „Divan" auf vielfältige Weise gestaltet:

> Ich sah, mit Staunen und Vergnügen,
> Eine Pfauenfeder im Koran liegen:
> Willkommen an dem heilgen Platz,
> Der Erdgebilde höchster Schatz!
> An dir wie an des Himmels Sternen
> Ist Gottes Größe im Kleinen zu lernen. (GSW 3/1, 117)

Wenn „Gottes Größe im Kleinen" liegt, verweist das eine auf das andere. Jedes ist auf alles bezogen, „Alles kann Symbol des Andern seyn".[109] In Deutschland war etwa Jacob Böhme ein Vermittler „naturmystischer" Vorstellungen: Nicht so sehr abstrakt Geistiges oder ein Gottesbegriff wird zum Gegenstand mystischen Erlebens, sondern vielmehr der in den diesseitigen Erscheinungen der Natur sich manifestierende göttliche Geist.[110] So ist es möglich, durch die Anschauung der Natur zur Erkenntnis Gottes zu gelangen. Derartige Gedanken hat Goethe nicht einfach übernommen, sondern variiert. Im bereits angeführten Gedicht „In tausend Formen"[111] wandelt er das Motiv der Offenbarung Gottes in der Natur um. An die

106 Zit. nach Said, a.a.O., S. 95.
107 Vgl. Bitterli, a.a.O., S. 318.
108 Vgl. Said, a.a.O, S. 102.
109 Novalis: Schriften. Band III. Hg. von Richard Samuel, Darmstadt 1965, S. 398.
110 Vgl. Sorensen, a.a.O., S. 135.
111 GSW I/3,1, 91.

Stelle Gottes, der sich in vielfältigen Erscheinungen der Natur manifestiert, tritt die Geliebte. Durch diese „Profanisierung" und „Verweltlichung" des Motivs distanziert sich Goethe von sufistischen, darüber hinaus aber auch gleichzeitig von naturmystischen Vorstellungen, wie sie in Deutschland kursierten. Auch das folgende Gedicht beschreibt eine solche Umkehr:

> Sollt ich nicht ein Gleichnis brauchen
> Wie es mir beliebt?
> Da uns Gott des Lebens Gleichnis
> In der Mücke gibt.
>
> Sollt ich nicht ein Gleichnis brauchen
> Wie es mir beliebt?
>
> Da mir Gott in Liebchens Augen
> Sich im Gleichnis gibt. (GSW 3/1, 589)

Die erste Strophe des Gedichts hebt in einer Weise an, die mystisch-muslimischer genauso wie romantisch-deutscher Tradition entspricht. In der Wahl seiner Bilder ist der Dichter frei, alles darf aufeinander bezogen werden, da jeder Teil als Mikrokosmos die Differenziertheit von Gottes Schöpfung in sich vereint und repräsentiert.

Die zweite Strophe erinnert an die Vorstellung der *unio mystica*: Gott ist nicht mehr bloß des Lebens Gleichnis. Im Auge der Geliebten ist er selbst präsent. Doch steht hier nicht (ebenso wie im Gedicht „In tausend Formen") Gott, sondern die Vereinigung mit der Geliebten als ein „göttliches" Erlebnis im Vordergrund. Folgt Goethe in seinem Analogiedenken auch dem Zeitgeist, so setzt sich doch kritisch mit ihm auseinander und gestaltet aufgegriffene Motive um.

2.1.4 Zwischen „Barbar" und „edlem Wilden"

Goethes Orient-Bild fügt sich in den binären Diskurs über den Fremden als „Barbaren" oder „edlen Wilden" ein. Über die Jahrhunderte hatte ein negatives Stereotyp des Orientalen dominiert, dem sich der westliche Mensch in jeder Beziehung überlegen fühlte. Im 18. Jahrhundert war dieses Bild relativiert worden. Einhergehend mit der Vernunfts- und Fortschrittseuphorie, die im abendländischen Menschen die Krönung der Schöpfung verkörpert sah, setzte ein ausgesprochener Kulturpessimismus ein. In seinem „Discours sur l'originalité de l'inegalité parmi les hommes" von 1755 zeichnet Rousseau einen pessimistischen Degradationsprozeß der Kultur und erhebt den „edlen Wilden" zur Idealgestalt.

> Die geheimen und offenbaren Sehnsüchte einer gehobenen europäischen Gesellschaft strebten danach, sich im „edlen Wilden" zu erfüllen:[...] seine Sitten hatten sich einfach und rein bewahrt, und Handel, Luxus und die raffi-

> nierten Intrigen der höfischen Sozietät konnten ihn nicht korrumpieren; er fragte sich nicht endlos, wie die aufgeklärten Philosophen es taten, auf welche Weise man glücklich werden konnte – er war es.[112]

Daß Goethe im „Divan" den Orientalen mit Zügen des „edlen Wilden" ausstatte, wurde bereits erwähnt. Er „zerbricht sich nicht den Kopf", sein Glaube ist „weit", „eng der Gedanke"[113] Allerdings ließ Goethe sich nicht zu schwärmerischer Lobpreisung der körperlichen Vorzüge und Liebestechniken des Orientalen hinreißen.[114] Goethe reiht sich auch nicht unter die radikalen Kulturpessimisten ein. Vielmehr mischt er fortschrittsgläubige mit kulturpessimistischen Elementen. So teilte er Rousseaus Geschichtsschau einer stufenweisen Degradation, nur bezog er sie nicht auf die eigene, sondern auf die orientalische Kultur. Seiner Meinung nach bildeten sich die altarabischen Dichter noch am „Naturquell der Eindrücke". Später aber wurden die „Geheimnisse jener Urwelt" durch eine „seltsame Verfassung und unglückliche Religion"[115] überlagert und zunichte gemacht.[116]

Die zeitliche Diskrepanz ermöglicht es, den Orientalen sowohl mit Zügen des „edlen Wilden" (alte Araber, vorislamisches Beduinentum) als auch des „Barbaren" (islamisierte Araber) auszustatten. Beide Klischees sind im Grunde nicht voneinander zu trennen. Viele Züge des „edlen Wilden" gehen aus dem hervor, was man dem Barbaren zuzuschreiben pflegte:

> Einfachheit und Anspruchslosigkeit stehen in diesem Sinne komplementär zur Primitivität; Unschuld und Unvoreingenommenheit treten an die Stelle kindischer Unvernunft und Dumpfheit; Faulheit wird durch ruhiges Behagen, Gesetzeslosigkeit durch natürliche Daseinsharmonie, Triebhaftigkeit durch unbesorgte Lebensfreude ersetzt.[117]

Goethes Position ist am ehesten mit derjenigen der „ferini" zu vergleichen. So nennt Bitterli die Gruppe, denen der „edle Wilde" Rousseaus zu ungebildet war.[118] Sie ersetzten ihn durch Vertreter von Schriftkulturen. So galten etwa Chinesen, Türken und Perser als Träger von Kulturen, die nicht auf „Vernunft" verzichten, sondern sie gebrauchen –, für sie stand Vernunft nicht im Widerspruch, sondern im Einklang mit der Natur, da sie es ermöglicht, die natürlichen Gesetze zu erkennen und zu befolgen. Wie die „ferini" wählt Goethe in Ḥāfiẓ einen Repräsentanten der Fremdkultur, der sich durch „Kultiviertheit" und Bildung auszeichnet.

112 Bitterli, a.a.O., S. 237.
113 Vgl. GSW I/3,1, 12, „Hegire".
114 Wie es viele Zeitgenossen zu tun pflegten.
115 GSW I/3,1, 269, Kapitel „Neuere und neueste Reisende".
116 Zu Goethes Verhältnis zum Propheten Muhammad vgl. Kapitel drei.
117 Bitterli, a.a.O., S. 373.
118 Bitterli, a.a.O., S. 375.

Goethes Werk enthält eine Reihe von Vorstellungen im Trend der Zeit, die Fremdverstehen durch Einfühlung, Identifikation und Sympathie verwirklicht sehen. Auch teilte er die zeitgenössische Theorie, daß Kulturen durch „Geist, Genius, Klima oder Nationalgedanke“[119] kohärent seien, den ein Außenseiter nur durch einen Akt „historischer Sympathie“ erfassen kann, wie er sie selbst dem Orient entgegenbringt.

2.2 Zeitgeist bei Heine

Heine lag nicht nur umfangreiches Quellenmaterial, sondern bereits eine Reihe deutscher, französischer und englischer orientalisierender Literatur vor. Zwischen der Abfassung von Goethes „Divan“ und der Lyrik Heines hatte sich vieles geändert. Die Verdienste der Aufklärer –

> die Verbesserung der quellenkritischen Methode; die Befreiung von heilsgeschichtlich-christozentrischer Befangenheit; größere Einsicht in die Relativität und Dynamik geschichtlicher Vorgänge ohne Aufgabe des universalen Wissensanspruchs; die Verbindung von historischer und zeitkritischer Überlegung; eine humane Ironie, die in Frage zu stellen wagte, ohne zu verurteilen; eine spontane Neugierde entspringende, nationale wie soziale Schranken vielfach überwindende Belegung der Forschungstätigkeit[120]

– waren wenn nicht verloren gegangen, so doch nicht weiter entwickelt worden. Mit der restaurativen Rückbesinnung der europäischen Staaten auf das eigene Territorium nach den Napleonischen Kriegen setzte eine Art Verengung des Wissenshorizontes mit verstärkter Spezialisierung und (nicht nur nationalstaatlicher, sondern auch geistiger) Zersplitterung ein. Auf universalistische „Offenheit“ folgte eine Phase verstärkter „Verinnerlichung“. Mythen und Religionen gewannen neues Interesse. Stärker als zuvor hielt man Ausschau nach einem märchenhaften, sinnlichen und farbenfrohen Orient. Heine hat auf diese kulturgeschichtlichen Veränderungen in seinem Werk reagiert. Bevor darauf eingegangen wird, sollen die Aussagen vorgestellt werden, mit denen er in der „Romantischen Schule“ auf den „West-östlichen Divan“ Bezug genommen hat.

119 Said, a.a.O., S. 136.
120 Bitterli, a.a.O., S. 437 f.f.

2.2.1 Die „Romantische Schule“

Heine spricht vom Ende der „Goetheschen Kunstperiode“,[121] einer Epoche, die mit Goethe ihren Anfang nahm und auch die Zeit der Romantik umfaßt. Heines Haltung Goethe gegenüber ist zwiespältig. Er lobt den künstlerischen Gehalt von dessen Werk, wirft ihm und den „Goetheanern“ aber vor, sie betrachteten die Kunst als eine „unabhängige zweite Welt“ über der „ersten wirklichen Welt“, obwohl dieser „doch der Vorrang gebührt“.[122] Auch bezichtigt er Goethe des „Indifferentismus“:[123] Anstatt sich der Weltgeschichte zu widmen, versinke er in „individuelle(n) Gefühle(n)“, „Kunst“ oder „Natur“. Goethe habe sich, „statt sich mit den höchten Menschheitsinteressen, [...] nur mit Kunstspielsachen, Anatomie, Farbenlehre, Pflanzenkunde und Wolkenbeobachtungen beschäftigt.“[124] Der „Kunstperiode“ schreibt Heine einen „nachteiligen Einfluß auf die politische Entwickelung des deutschen Volkes“ zu.[125]. Zwar schätzt er den künstlerischen Wert der Literatur Goethes, kritisiert aber deren Passivität.

> Die Goetheschen Dichtungen bringen nicht die Tat hervor [...]. Die Tat ist das Kind des Wortes, und die Goetheschen schönen Worte sind kinderlos. Das ist der Fluch alles dessen, was bloß durch die Kunst entstanden ist. (HSW VIII/1, 155)

Heine verweist Goethe hier in die Welt der Kunst, in das Reich der schönen, aber unfruchtbaren Poesie.[126] Dennoch bezeichnet er Goethe als den „König unserer Literatur“ und legt Wert auf die Feststellung, er habe „in Goethe nie den Dichter angegriffen, sondern nur den Menschen“.[127] Goethes „West-östlichen Divan“ charakterisiert Heine folgendermaßen:

> Er enthält die Denk- und Gefühlsweise des Orients in blühenden Liedern und kernigen Sprüchen; und das duftet und glüht darin wie ein Harem voll verliebter Odalisken mit schwarzen geschminkten Gassellenaugen und sehnsuchtig weißen Armen. (HSW VIII/1, 160)

Für den „Divan“ findet er nur lobende Worte. Allerdings ist zu fragen, wie Heine dazu kommt, das Werk als orientalisierendes Panorama voll sinnlichen Lokalkolo-

121 HSW VIII/1, 125, „Die Romantische Schule“.

122 HSW VIII/1, 153.

123 HSW VIII/1, 154.

124 HSW ebd. S. 154.

125 HSW ebd. S. 154.

126 George F. Peters: So glücklich, so hingehaucht, so ätherisch. Heines Beurteilung des „West-östlichen Divan“. In: Heine Jahrbuch 1983. Hg. von Joseph A. Kruse, Hamburg 1983, S. 30–47.

127 HSW VIII/1, 157.

rits zu beschreiben. Der „Divan“ ist relativ frei von exotischen Szenerien. Heines Beschreibung trifft nicht zu, er scheint bisweilen ein anderes Werk zu meinen:

> Manchmal ist dem Leser auch zumute, als läge er behaglich ausgestreckt auf einem persischen Teppich und rauche aus einer langröhrigen Wasserpfeife den gelben Tabak von Turkistan, während eine schwarze Sklavin ihm mit einem bunten Pfauenwedel Kühlung zuweht und ein schöner Knabe ihm eine Schale mit echtem Mokka-Kaffe darreicht. (HSW VIII/1, 161)

Heines Eindrücke unterscheiden sich von denjenigen der meisten Leser, denen der „Divan“ zu wenig sinnlich und farbenfroh war. Aber vielleicht hatte Heines Kritik weniger den „Divan“ als vielmehr die Gattung der orientalisierenden Literatur im allgemeinen im Blick.

Großes Lob zollt Heine der Lyrik des „Divan“ und nennt seine Verse „so leicht, so glücklich, so hingehaucht, so ätherisch, daß man sich wundert, wie dergleichen in deutscher Sprache möglich war“.[128] Auch die Prosa der „Noten und Abhandlungen“ bewundert er:

> Diese Prosa ist so durchsichtig wie das grüne Meer, wenn heller Sommernachmittag und Windstille und man ganz klar hinabschauen kann in die Tiefe, wo die versunkenen Städte mit ihren verschollenen Herrlichkeiten sichtbar werden. (HSW VIII/1, 161)

Insgesamt lobt er den Zauber des Werkes und bezeichnet es als „Gruß“, als

> Selam, den der Okzident dem Oriente geschickt hat, und es sind gar närrische Blumen darunter: sinnliche Rosen, Hortensien wie weiße nackte Mädchenbusen, spaßhaftes Löwenmaul, Purpurdigitalis wie lange Menschenfinger, verdrehte Krokosnasen und in der Mitte, lauschend verborgen, stille deutsche Veilchen. (HSW VIII/1, 161)

Zweierlei ist an dieser Stelle bemerkenswert: Heine schätzt und lobt den „Divan“ und seine Bedeutung für die spätere Literatur. Dabei aber ist der Orient, über den Heine spricht, von ganz anderer Natur als der von Goethe beschriebene: Er ist farbiger, sinnlicher, lustiger, plastischer. Beifall findet der „Divan“ vor allem wegen seiner Verbindung von „Sinnlichem“ und „Geistigem“:

> Dieser Selam aber bedeutet, daß der Okzident seines frierend mageren Spiritualismus überdrüssig geworden und an der gesunden Körperwelt des Orients sich wieder erlaben möchte. (HSW VIII/1, 161)

128 HSW VIII/1, 161.

Die dichotome Verbindung von „Sensualismus“ und „Spiritualismus“ ist für Heine das besondere Verdienst des „Divan“. Jedoch scheint er bei seiner „Divan“-Charakterisierung eher die Tendenz der zeitgenössischen Literaten zu meinen, die romantische, märchenhaft-mythologische und sensualistische Orientkulissen entwerfen, und das ist bei Goethe nicht der Fall. Heines Beschreibung hebt am „Divan“ den sinnlichen Aspekt einseitig hervor, dabei war Goethe bemüht, Sinnliches stets mit Geistigem zu verbinden.

Wie Goethe hofft auch Heine, im Orient eine Art „Restauration“ des Eigenen zu erfahren. Was Goethe als „Verjüngung“ bezeichnet hatte, wird bei Heine zur „Erwärmung“: Beide Dichter wollen kulturelle Defizite durch Aneignung dessen ausgleichen, was sie der orientalischen Kultur und Literatur zuschreiben. Dennoch wäre es falsch, Heine unter die romantisch-orientalisierenden Dichter zu zählen, denn von diesen hat er sich mehrfach distanziert:

> Groß' mérite ist es jetzo, nach Saadis Art zu girren,
> Doch mir scheint's egal gepudelt, ob wir östlich, westlich irren.
> Sonsten sang, beim Mondenschein, Nachtigall seu Philomene;
> Wenn jetzt Bülbül flötet, scheint es mir denn doch dieselbe Kehle. (HSW VI/165)

Heine distanziert sich vom Modetrend des Orientalisierens, wenn sich dahinter lediglich Altes – Stereotype der Klassik – in neuer Verkleidung verbirgt.

2.2.2 Romantische Parodien

Goethe verfocht den Gedanken eines göttlichen Ursprunges der Sprachen, wie er es in „Hegire“ thematisiert hat. Ende des 18. und zu Beginn des 19. Jahrhunderts war dieser Glaube aufgegeben worden; Sprache wurde nunmehr als rein menschliches Phänomen betrachtet. Es entstand die Vergleichende Sprachwissenschaft, die Sprachen in Sprachfamilien ordnet. Darüber hinaus erarbeitete sie verschiedene Codes zur Strukturierung von Information. Denn die Entdeckung von „Sprachverwandtschaft“ legte es nahe, überall Zusammenhänge zu sehen: „Jede linguistische Wurzel ist mit Rasse, Geist, Charakter und Temperament an deren Ursprung zu verbinden.“[129] Die Hochschätzung von Ursprungsmythen und Vorstellungen von Mikro- und Makrokosmos blieben indes erhalten, eine Entmythifizierung des Sprachverständnisses erfolgte nicht. Said weist darauf hin, daß für die ersten Linguisten das Sanskrit den Platz des Hebräischen und den „Trugschluß des Eden“ einnahm.[130] Die Aufwertung des Sanskrit erklärt das neue lebhafte Interesse an der persischen Dichtung, schließlich gehört das Persische wie das Deutsche der Sprachfamilie des Indogermanischen an. Schwab spricht in diesem Zusammenhang

129 Said, a.a.O., S. 171.
130 Vgl. Said, a.a.O., S. 157.

von einer „Renaissance orientale“,[131] die der Renaissance der klassischen Antike durch die romanischsprachigen Völker entgegengesetzt werden konnte.
Den Enthusiasmus der Philologen, ihre Begeisterung bei der Entdeckung der Verwandschaft der Sprachen (wie sie ja auch bei Goethe in der „Zwillingsbruderschaft“ zum Perser und Indogermanen Ḥāfiẓ zum Ausdruck kommt) hat Heine durch ironische Umkehrung parodiert:

> Ich bin stolz darauf, ein Perser zu seyn. Daß ich deutsche Verse mache, hat seine eigene Bewandtnis. Die schöne Guldane hat nämlich von einem gelehrten Schafskopfe gehört, daß das Deutsche Ähnlichkeit habe mit ihrer Muttersprache, dem Persischen; und jetzt sitzt das liebliche Mädchen zu Isphahan und studiert Deutsche Sprache, und aus meinen Liedern, die ich in ihren Harem hineinzuschmuggeln gewußt, pflegt sie, zur grammatischen Übung, einiges zu übersetzen in ihre süße, rosige, leuchtende Bulbul-Sprache [...].[132]

Zu Lebzeiten Heines muß die Vorstellung, eine „Haremsdame“ betreibe sprachwissenschaftliche Studien und nehme Übersetzungen vor, äußerst komisch gewirkt haben; das europäische Stereotyp sieht für die Haremsdame derlei intellektuelle Betätigungen nicht vor.

Goethes Absicht, im Orient eine Art Ursprache und -poesie zu lokalisieren, hat Heine nicht mehr geteilt. Im Bild der als Linguistin tätigen Haremsdame zeigt er vielmehr das absurde, groteske Moment in der Verbrüderungstendenz der Sprachfamilien auf. Ironisiert wird dabei allerdings nicht der Orient, sondern die zeitgenössische Linguistik. Dieses Stilmittel der Verfremdung greift Heine immer wieder auf: Vor ein orientalisches Panorama wird Eigenes lokalisiert, ironisiert und parodiert. Stärker als Goethe gelingt es ihm, den Zeitgeist zu hinterfragen.

Eindrucksvolles Beispiel in diesem Zusammenhang ist das Gedicht „Der weiße Elefant“.[133] Weit ausholend wird über 16 Strophen hinweg ein Märchenpanorama entworfen. Schauplatz des Geschehens ist das Schloß des „Königs von Siam, Mahawastant“, von dem es heißt:

> Hier überflügelt der Wirklichkeit Pracht
> Die Märchen von Tausendundeine Nacht.

Kostbarer noch als die Reichtümer und Schätze des Königs ist sein weißer Elefant, ein Tier, das nach allen Regeln der Kunst gepflegt und verwöhnt wird:

> Man salbt ihn mit Ambra und Rosenessenzen,
> Man schmückt sein Haupt mit Blumenkränzen;
> Als Fußdecke dienen dem edlen Tier
> Die kostbarsten Schals aus Kaschimir.

131 R. Schwab: La Renaissance Orientale, Paris 1950.
132 HSA 20, 136. Brief an M. Moser vom 21.1.1824.
133 HSW III/1, 13–19.

Lassen die Übertreibungen zunächst Zweifel an der Ernsthaftigkeit des Orient-Panoramas im Leser aufkommen, so werden diese in der folgenden Strophe zur Gewißheit:

> Das edle Tier, man weiß nicht wie,
> Versinkt in tiefe Melancholie.
>
> Der weiße Melancholikus
> Steht traurig mitten im Überfluß.

Der Elefant ist also ein „Fremdkörper“ mitten im morgenländischen Panorama. Seine „Melancholie“ ist eine durch und durch abendländische „Krankheit“. Das orientalisierende Szenarium dient also nur als Rahmen für die eigentliche Thematik, die „abendländische“ Melancholie. Der weitere Handlungsverlauf führt diese Thematik aus: Der zu Hilfe gerufene Sterngucker verrät dem König die Ursache für das Leid des Elefanten: Das Tier ist verliebt in ein „schönes Weib“ im Norden. Die sonst von „West“ nach „Ost“ verlaufende Sehnsucht wird durch Umkehr der Bewegung ironisiert. Orientalisierend bleibt allerdings die Art der Beschreibung: Heine führt aus, was Goethe als Charakteristikum orientalischer Poesie und Mentalität glaubte festzustellen zu können: die Übertreibung.[134] Offenbar hat sich Heine an diese Auffassung gehalten, wenn er das „Weib aus dem Norden“ folgendermaßen beschreibt:

> Wie sich die Gliedermassen wölben
> Zum schönsten Bau! Es tragen dieselben
> Anmutig und stolz zwei hohe Pilaster
> Von blendend weißem Alabaster.
>
> Die Dichter jagen vergebens nach Bildern
> Um ihre weiße Haut zu schildern;
> Selbst Gautier ist dessen nicht kapabel –,
> O diese Weiße ist implacable!

Theophile Gautier zählt zu den orientalisierenden Dichtern. Heine kreidet sein „Jagen nach Bildern“ an, um es in der folgenden Strophe dann selbst vorzuführen und zu parodisieren:

> Des Himalaya Gipfelschnee
> Erscheint aschgrau in ihrer Näh;
> Die Lilie, die ihre Hand erfaßt,
> Vergilbt durch Eifersucht oder Kontrast.

134 Vgl. GSW I/3,1, 221, Kapitel „Künftiger Divan“. Hier bezeichnet Goethe die „Aufschneiderei“ als Kennzeichen des „orientalischen Charakters“.

Mit dem „Jagen nach Bildern" werden auch übertriebenes Analogiedenken und die Tendenz der Romantiker kritisiert, alles und jedes miteinander zu vergleichen und überall Zusammenhänge zu entdecken. Durch die Herstellung abstruser Bezüge ironisiert Heine dieses Verfahren. Weitere zeitgenössische Themen, die Goethe noch positiv wertete, parodiert er ebenfalls:

> Durch wunderbare Wahlverwandtschaft,
> Im Traume macht er ihre Bekanntschaft,
> Und träumend in sein Herze stahl,
> Sich dieses hohe Ideal.

„Wahlverwandtschaft" bringt Getrenntes einander nah. Was bei Goethe Ideal ist, wirkt bei Heine lächerlich. Der reale Grund für Idealisierung wie Beziehung fehlt. Der Gegenstand ist lediglich ein Traum-Bild. Mit dem Stichwort „Wahlverwandtschaft" nimmt Heine direkten Bezug auf Goethe:

> Sehnsucht verzehrt ihn seit jener Stund,
> Und er, der vormals so froh und gesund,
> Er ist ein vierfüßiger Werther geworden,
> Und träumt von einer Lotte im Norden.[135]

Auch die nächste Strophe rüttelt am Sockel einer Säule der Romantik, der einfühlenden Sympathie:

> Geheimnisvolle Sympathie!
> Er sah sie nie und denkt an sie.
> Er trampelt oft im Mondschein umher
> Und seufzet: wenn ich ein Vöglein wär![136]

Von Heines Spott ist indirekt auch Herders Konzept der Einfühlung und der sympathetischen Identifikation betroffen. „Wahlverwandtschaft", „Sehnsucht", die Idee einer romantischen Liebe, die Grenzen überwindet, der Blick in die Ferne, um dort das Glück zu finden, die Fähigkeit, mittels „Sympathie" Fremdes zu verstehen: alle diese im Trend der Zeit liegenden Vorstellungen waren von Goethe noch positiv gewertet worden. Bei Heine verlieren sie ihre Gültigkeit, werden als Illusionen entlarvt und lächerlich gemacht.
Der „östliche Elefant", der glaubt, eine westliche Gräfin zu lieben und Seelenverwandtschaft verspürt, während die „Gleichheit" lediglich in der weißen Haut-

135 Katharina Mommsen hat die arabisch-persischen Einflüsse auf Goethes „Werther" untersucht.

136 Die letzte Zeile ist eine Anspielung auf das gleichnamige Lied aus der Sammlung deutscher Volkslieder „Des Knaben Wunderhorn" von Clemens Brentano. Heine erwähnt Brentano und seine Liedsammlung in der „Romantischen Schule".

farbe liegt, trifft auch die Sprachwissenschaftler, die nebensächlichen „Gleichheitsfaktoren“ weitreichende Konsequenzen zuschreiben. Heines Umkehrschema bedeutet aber vor allem Kritik an den orientalisierenden Dichtern seiner Zeit, die Glück und Zukunft im Orient wähnten und aufgrund irgendeiner Affinität über das Andere Bescheid zu wissen vermeinten.

Im weiteren Handlungsverlauf des Gedichts rät der Sterngucker dem König, seinen Elefanten nach Paris reisen zu lassen, damit ihn dort die „Wirklichkeit“, seiner „Träume Urbild“, heilen möge. Ob eine Begegnung wirklich stattfindet, wird vom Dichter offen gelassen. Auch darin hebt er sich von Goethe ab, der im Rollengedicht fiktive Begegnungen und Dialoge gestaltete. Bei Heine ist kein Raum für derartige Verständigungen. So heißt es in der letzten Strophe über den König:

> Was er beschlossen, das kann ich erzählen
> Erst später; die indischen Mall'posten fehlen.
> Die letzte, welche uns zugekommen,
> Die hat den Weg über Suez genommen.

Universalistliche Vereinigungssehnsucht wird benannt und ironisiert. Sie ist lediglich im Bereich des Traumes oder der Phantasie angesiedelt. Nur als solche besitzt sie Realität. Träume besagen nichts über das Objekt, das Fremde in seiner Realität, sondern sie handeln vom Wünschenden und Träumenden selbst. Heine gestaltet von dieser Erkenntnis her sowohl die Darstellung von Liebesbeziehungen wie die Ost-West-Thematik. Wie in der Beschreibung der persischen Haremsdame, die deutsch lernt, wird auch im Gedicht „Der weiße Elefant“ Bekanntes und Eigenes einfach umgekehrt und verfremdet. In der so gewonnenen Distanz kann der Leser nun das Groteske und Absurde in Bereichen entdecken, die er sonst gewöhnlich unhinterfragt hinnimmt: Wenn ein romantischer Dichter von der Sehnsucht nach dem Fremden kündet, wenn er (wie Friedrich Schlegel) der Ansicht ist, das schlechthin Romantische sei im Orient zu finden, wenn er sich deshalb in einen Vogel verwandelt, um an den Ort der Sehnsucht zu fliegen (Brentano), so ist für die Zeitgenossen daran nichts außergewöhnlich. Erst dadurch, daß Heine die Verhältnisse umkehrt – dadurch, daß eine Perserin aufgrund der Sprachverwandtschaft Deutsch lernt, oder dadurch, daß sich ein Elefant in einen Vogel verwandeln möchte, um nach Westen zu seiner fernen Geliebten zu fliegen – zeigt sich die groteske Seite der romantischen Vereinigungssehnsucht und des optimistischen Glaubens an die Möglichkeit, durch Emotionen sämtliche Grenzen zu überwinden.

2.2.3 Mikro- und Makrokosmos

An vielen Beispiele läßt sich zeigen, wie Heine das noch von Goethe vertretene Analogiedenken und die Vorstellung von Mikro- und Makrokosmos parodiert und umkehrt. Analog zur islamisch-mystischen Weindichtung erscheint das Weinglas im

Gedicht „Im Hafen“[137] als Mikrokosmos. Der „Hafen“, von dem hier die Rede ist, ist der „Ratskeller zu Bremen“.

> Wie doch die Welt so traulich und lieblich
> Im Römerglas sich widerspiegelt,
> Und wie der wogende Mikrokosmos
> Sonnig hinabfließt ins durstige Herz!
> Alles erblick ich im Glas,
> Alte und neue Völkergeschichte,
> Türken und Griechen, Hegel und Gans,
> Zitronenwälder und Wachparaden,
> Berlin und Schilda und Tunis und Hamburg,
> Vor allem aber das Bild der Geliebten,
> Das Engelköpfchen auf Rheinweingoldgrund.

Das mit Wein gefüllte Glas ist wie eine Kristallkugel, die eine „Zusammenschau“ aller Erscheinungen ermöglicht.[138] Beim Trinken von Wein eignet sich der Trinker die Welt an. Die persische Mystik ist reich an anakreontischer Dichtung, und auch Goethe hat zahlreiche Weingedichte und das Thema der Trunkenheit im „Divan“ gestaltet. „Trinken“ („Lieben, Trinken, Singen“) hatte Goethe mit dem Orient assoziiert. Der islamische Mystiker al-Ḥallağ gebrauchte im 10. Jahrhundert ein Bild, das Heine zur Vorlage gedient haben könnte. Er sagt: „Keinen Tropfen Wasser trink ich dürstend, ohne daß Dein Bild im Glas ich fände.“[139] Während al-Ḥallağs Gegenüber Gott ist, kann bei Heine von Transzendenz nicht die Rede sein.[140] Doch setzt sich Heine in der folgenden Strophe konkret mit Ḥāfiẓ in Beziehung und ordnet sich damit in den Kontext anakreontisch-mystischer Dichtung ein:

> Oh, wie schön! wie schön bist du, Geliebte!
> Du bist wie eine Rose!
> Nicht wie die Rose von Schiras,
> die hafisbesungene Nachtigallbraut,
> Nicht wie die Rose von Saron,
> die heiligrote, prophetengefeierte.–
> Du bist wie die Ros im Ratskeller zu Bremen!
> Das ist die Rose der Rosen,
> Je älter sie wird, je lieblicher blüht sie,
> Und ihr himmlischer Duft, er hat mich beseligt,
> Er hat mich begeistert, er hat mich berauscht,

137 HSW I/1, 423–425.

138 Zu einer „Zusammenschau“ bei Goethe vgl. Kapitel drei: „Hegire“.

139 Zitiert nach: Annemarie Schimmel: Mystische Dimensionen des Islam, München 1992, S. 110.

140 Zur Problematik der Lesart islamischer anakreontischer Dichtung vgl. Teil drei.

Und hielt mich nicht fest, am Schopfe fest,
Der Ratskellermeister von Bremen,
Ich wäre gepurzelt!

Hier „purzeln" auch die Zeichen aus dem gängigen romantisch-orientalisierenden Bezugsrahmen. Der Dichter greift zunächst die mystisch-islamische wie die orientalisierende Vorgehensweise auf, indem er die Geliebte im Vergleich mit der Rose preist.[141] In einem zweiten Schritt werden die weiteren Vergleichsmomente als zu gering erachtet und negiert, so daß über der Geliebten der göttliche Geliebte erscheinen könnte. Jedoch wird der Leser, der eine Transzendierung erwartet, mit zunehmender Betrunkenheit des lyrischen Ichs abrupt „ernüchtert". Der Vergleich zielt nicht auf Göttliches, Transzendentes, sondern auf den Vergleich der Rose mit der Blume des Weines, „Das ist die Rose der Rosen". Der Rausch des Weines führt nicht wie in der mystischen Dichtung über das Irdische hinaus, sondern in es hinein. Nicht die Liebe zu Gott (wie bei den Mystikern), nicht die Liebe zur Geliebten (wie bei Goethe), begeistert, berauscht, macht trunken, sondern der Wein birgt alles in sich. Visionen werden entlarvt als Ausgeburten der Phantasie eines betrunkenen Geistes.

Wieder findet eine Umkehrung traditioneller Zeichen statt. Hier gilt keine mystisch-allegorische Lesart, die hinter den Zeichen des Weingenusses und dem Duft der Rose etwas anderes, Transzendentes meint und auf das „Unsagbare" verweist, wie es Friedrich Schlegel benannte: „Das höchste kann man eben weil es unaussprechlich ist, nur allegorisch sagen".[142] Im Gegenteil: Heine benutzt orientalisierende, zu mystisch-allegorischer Deutung prädestinierte Zeichen und beraubt sie ihrer transzendierenden Funktion. Die angeblich religiösen Erfahrungen und göttlichen Visionen vor dem Auge des Trinkers sind lediglich Ausgeburten von Rauschphantasien. Auch die letzte Strophe kritisiert die mystisch-romantische Transzendenzsucht:

Du braver Ratskellermeister von Bremen!
Siehst du, auf den Dächern der Häuser sitzen
Die Engel und sind betrunken und singen;
Die glühende Sonne dort oben
Ist nur eine rote, betrunkene Nase,
Die Nase des Weltgeists;
Und um die rote Weltgeistnase
Dreht sich die ganze betrunkene Welt.

Hegels Konzept des Weltgeistes wird bei Heine zum Hirngespinst. Der Trinker, der im mikrokosmischen Glas den Makrokosmos Welt zu sehen glaubte, projiziert nun

141 Vgl. zum Bildpaar Rose/Nachtigall Teil drei.
142 Friedrich Schlegel, KA II, 324.

die Rauschvisionen in die Welt hinein. So erscheint der romantische Weltgeist als „Geist des Weines".

Im Gegensatz zu Goethe sind Heines Orient-Bilder immer nur Negativ-Entwürfe. Er zeichnet kein fest umrissenes, statisches Gemälde, sondern skizziert, entwirft Konstrukte, um sie sogleich zu dekonstruieren und zu entlarven. So kann ein strukturanalog zum Mythos konstruiertes, geschlossenes System wie bei Goethe erst gar nicht entstehen. Sein Orient fungiert als „witziger" Kontrast zum Eigenen, als Ort der Entfremdung.

3 Das Motiv der Flucht: Der Orient als Ort der Realisierung persönlicher Ästhetik

Im zweiten Kapitel wurde die kollektive europäische Erwartung einer Art „Regenerierung“ Europas durch den Orient beleuchtet,[143] die in einer mythologischen Bildwelt von Paradies, Tod und Wiedergeburt ihren Ausdruck fand. Diese allgemeinen Tendenzen fanden in den Werken von Goethe und Heine ihren Niederschlag. Unter Teil drei werden nun die jeweils individuellen Erwartungen untersucht, wie sie der Autor mit dem literarischen Unternehmen verknüpft. Denn die fiktive literarische Reise, so Said, stellt die Erfüllung eines ganz persönlichen Projektes dar. Dieses auf individueller Ästhetik aufgebaute Projekt wird durch den Aufenthalt in der Fremde „gespeist“.[144] Beides, die persönliche Ästhetik und ihre Anreicherung und Gestaltung durch die Reise in den Orient, werden im folgenden erläutert.

Goethe und Heine wählen beide das Motiv der Flucht in den Orient. Meine These hierzu lautet: Eng verknüpft mit der Wahl des Orientes als Zufluchtsort ist die eigene Problematik des Künstlers. In der Orient-Thematik treffen sich Selbst-Entwurf und Poetik sowie Ästhetik, für die in der Realität möglicherweise kein Raum ist. Somit geht es hier nicht um abgespaltene oder verdrängte Wünsche, für die der Orient als Projektionsfläche diente. Eine solche Untersuchung hätte sicherlich ihre Berechtigung,[145] denn der literarisch Reisende sucht (nach Meinung Saids) weniger eine wissenschaftliche als eine exotische Realität. Er projiziert in den Orient, was seinen privaten Mythen, Obsessionen und Bedürfnissen entspricht.[146] Hier aber ist nicht Verdrängtes Gegenstand der Untersuchung. Vielmehr geht es darum, bewußt gestalte Alternativentwürfe und Gegenkonzepte zu den jeweiligen realen Gegebenheiten darzulegen, wie sie im Phantasie-Orient ihren Ausdruck finden. So wird der jeweilige Orient selbst zu einem poetologischen Konzept.

143 Vgl. Said, a.a.O., S. 132.

144 Vgl. Said, a.a.O., S. 180.

145 Sicher wäre es lohnenswert, die Projektion abgespaltener und verdrängter erotischer Wünsche in den Orient zu untersuchen. In dieser Arbeit beschränke ich mich in Kapitel vier auf die Verknüpfung von Orient und Sexualität.

146 Vgl. Said, a.a.O., S. 194.

3.1 Das Motiv der Flucht bei Goethe

3.1.1 „Hegire“

Im Einleitungskapitel der „Noten“ wird die Bewegung zum Orient als Reise bezeichnet. Indem Goethe ihr in dem Eingangsgedicht „Hegire“[147] die Dimension einer Flucht verleiht, drückt er ein starkes Unbehagen an der eigenen Kultur aus, aus der er zu entkommen versucht. Bitterli geht davon aus, daß die Beschäftigung mit dem Fremden immer dann an Interesse gewinnt, wenn der Mensch sich in der eigenen Kultur nicht mehr geborgen fühlt. Als Beispiel nennt er den Zeitpunkt, als die „stabile Ideenwelt der Klassik der radikalen Infragestellung der Aufklärungsphilosophen weicht“.[148] In diese Zeit fällt auch Goethes „Reise“ in den Orient.

Im Gedicht „Hegire“ nimmt Goethe Bezug auf die Hiǧra des Propheten Muḥammad im Jahre 622 von Mekka nach Madīna. Dieses Ereignis markiert den Beginn der islamischen Zeitrechnung und leitet eine neue Epoche der Weltgeschichte ein. Goethe faßt seine „Hegire“ nicht, wie es der wörtlichen Übersetzung entspräche (das Verb „haǧara“ bedeutet „sich aufmachen“, „auswandern“), als Auswanderung, sondern als Flucht auf: Er flüchtet vor den problematischen politischen Zuständen in Europa – „Nord und West und Süd zersplittern,/Throne bersten, Reiche zittern“ – in die alternative Welt des „reinen Ostens“:

> Genau besehen, sind solche neue Studien in die man sich hinein wirft, eine Art Hegire, man flüchtet aus der Zeit in ferne Jahrhunderte und Gegenden, wo man sich etwas Paradies ähnliches erwartet.[149]

Nicht nur in „Hegire“, auch in Briefen hat er seine Absicht dargelegt, sich

> aus der wirklichen Welt, die sich selbst offenbar und im Stillen bedrohte, in eine ideelle zu flüchten, an welcher vergnüglichen Theil zu nehmen meiner Lust, Fähigkeit und Willen überlassen war.[150]

Der Osten ist also die „ideelle“, im Gegensatz zur bedrohlichen „materiellen“ Welt. Indem er eine Art „geistige Emigration“ in zeitliche und örtliche Fernen unternimmt, wünscht er für sich, wie einst für Muḥammad, den Beginn einer neuen, „paradies-ähnlichen“ Epoche. Goethe schreibt der alternativen Welt eine Reihe von Eigenschaften zu und formuliert dabei Erwartungen, die er mit dem Aufenthalt dort verbindet:

147 GSW I/3,1, 12.

148 Bitterli, a.a.O., S. 374.

149 Goethe an C.G. v. Voigt, 1/1815, GSW II/7, 79.

150 Tag- und Jahreshefte 1815, GSW I/17, 260.

> Ich habe mich nämlich, mit aller Gewalt und allem Vermögen, nach dem Orient geworfen, dem Land des Glaubens, der Offenbarungen, Weissagungen und Verheißungen.[151]

Bereits in Kapitel zwei war auf die Vorstellung eines „reinen Ostens“ mit paradiesischen Zügen – „Land des Glaubens, der Offenbarungen und Verheißungen“ – als kollektive europäische Wissenschaftsphantasie hingewiesen worden. Auch für sich persönlich vollzieht Goethe diese „Flucht“ in eine ersehnte Ursprünglichkeit. In „Hegire“ schreibt Goethe diesem Ort weitere Charakteristika zu.

> Nord und West und Süd zersplittern,
> Throne bersten, Reiche zittern,
> Flüchte du, im reinen Osten
> Patriarchenluft zu kosten;
> Unter Lieben, Trinken, Singen
> Soll dich Chisers Quell verjüngen.

Die Flucht in die ideelle Welt des „reinen Ostens“ erfolgt in der Absicht, ein „Verjüngungsprogramm“ unter „Lieben, Trinken Singen“ zu durchlaufen. Der Dreiklang der Themen, die den Aufenthalt des Dichters bestimmen, bildet ein wichtiges Strukturprinzip und der Hauptthemenkreis des „Divan“.[152] Liebe, Gesang und Wein sind ja auch die Zentralmotive der Dichtung Ḥāfiẓ’. Die Tatsache, daß die Thematik Ḥāfiẓ’ Dichtung, nicht aber seiner Biographie entspricht, ist von zentraler Wichtigkeit, um die „Flucht“-Motivik zu verstehen: Es geht nicht um eine Verjüngung der eigenen Person, um Verlagerung exotistischer, verbotener oder unbewußter Wünsche sinnlicher Art in die räumliche Distanz. Statt dessen geht es um „Verjüngung“ der Dichtung, um mehr Farbigkeit und Sinnlichkeit für die Poesie. Dieses Kriterium hebt Goethes Absicht von derjenigen seiner „exotistischen“ Zeitgenossen ab.

Der Dichter möchte also nicht Eigenes auslagern und ausgrenzen, sondern Fremdes sich selbst aneignen, um auf diese Weise die eigene Poesie zu bereichern. Das Konzept der Rezeption des Fremden mit der Absicht, etwas neues zu produzieren, kommt im Bild des reisenden Handelsmannes zum Ausdruck, in „Hegire“ wird sie bestätigt.

Die „Flucht“ ins Ideelle ist keine Abwendung von der Realität, sondern nur ein zeitweiliger Aufenthalt. Der Orient, „wo wir in größerer Fülle wandeln, und das Eigenthümliche unseres Geistes stärken und zu neuer Thätigkeit anfrischen können“,[153] dient der „Orientierung“. Er ist Ort der Neubelebung und Regenerierung für

151 Goethe an C.H. Schlosser, 23.1.1815, GSW II/7, 398.

152 Vgl. hierzu Kapitel vier.

153 Goethe an Sergej Semenovic Graf von Uvarov (Konzept), 27. 2. 1811, GSW II/6, 642.

Poesie und Poetik. Die nächsten beiden Strophen von „Hegire“ führen diese Gedanken aus:

> Dort, im Reinen und im Rechten,
> Will ich menschlichen Geschlechten
> In des Ursprungs Tiefe dringen,
> Wo sie noch von Gott empfingen
> Himmelslehr in Erdensprachen,
> Und sich nicht den Kopf zerbrachen.
>
> Wo sie Väter hoch verehrten,
> Jeden fremden Dienst verwehrten,
> Will mich freun der Jugendschranke:
> Glaube weit, eng der Gedanke,
> Wie das Wort so wichtig dort war,
> Weil es ein gesprochen Wort war.

Der Osten als das „Reine“ und das „Rechte“, als die „ideelle Welt“, hat keinerlei Konnotation des außersprachlichen, geographisch wie historisch real existenten Orients.

> Der Osten wird hier vielmehr unter Beibehaltung einzelner Merkmale, die zu seiner Erkennung einfach notwendig sind, mit besonderen Werten ausgestattet, idealisiert und verabsolutiert.[154]

Dies ist sicher richtig. Dennoch bin ich nicht der Meinung, daß Goethe hier sein Orient-Bild ausschließlich konstruiert. Er selektiert und verdichtet vielmehr einzelne Elemente, die einem umfassenden Zeit-Raum entnommen sind, und die mit dem Orient assoziiert werden. Die in „Hegire“ vorgenommene „Orientierung“ ist eine Strukturierung der Zeit und des Raumes, die der Aneignung dient. Goethe greift zurück bis in früheste Zeiten. Die Beschäftigung insbesondere mit dem Alten Testament war eine der Hauptquellen für Goethes Orient-Bild:[155]

> Wenn eine stets geschäftige Einbildungskraft [...] mich bald da bald dorthin führte, wenn das Gemisch von Fabel und Geschichte, Mythologie und Religion mich zu verwirren drohte, so flüchtete ich gern nach jenen morgenländischen Gegenden, ich versenkte mich in die ersten Bücher Mosis und fand

154 Esin Ilery: Goethes West-östlicher Divan als imaginäre Orient-Reise, Frankfurt am Main 1982, S. 191.

155 Vgl. Birus, a.a.O., S. 113.

> mich dort unter den ausgebreiteten Hirtenstämmen zugleich in der größten Einsamkeit und in der größten Gesellschaft.[156]

Häufig spricht Goethe dem Orient „Klarheit" und „Reinheit" zu, deren er bedarf, um verwirrte Gedanken in einer komplexen, widersprüchlichen Zeit, zu ordnen. Zweck des Rückzuges in die „morgenländische Gesellschaft" ist es, die Einbildungskraft zu stimulieren und zu „verjüngen":

> Die Bemühungen um die Sprache, um den Inhalt der heiligen Schriften selbst, endigten zuletzt damit, daß von jenem schönen und viel gepriesenen Lande, seiner Umgebung und Nachbarschaft, so wie von den Völkern und Ereignissen, welche jenen Fleck der Erde durch Jahrtausende hindurch verherrlichten, eine lebhaftere Vorstellung in meiner Einbildungskraft hervorging.[157]

Auf alttestamentarische Bilder folgen in „Hegire" Anklänge an das vorislamische Beduinentum. Mit ihnen verknüpft Goethe Vorstellungen von freien und unabhängigen Kriegern, die „jeden fremden Dienst verwehrten". „Freiheit", Widerstand gegen Unterordnung und Anpassung in der Dichtkunst gehören zu seinem „Verjüngungsplan". In der ideellen Welt des Ostens ist für Goethe der „Glaube weit, eng der Gedanke". Zur „Kindlichkeit" und Ursprünglichkeit des Orients gehört eine kindliche Glaubenshaltung. „Glaube" korreliert mit Phantasie, er bildet ein Gegenkonzept zur Orientierungslosigkeit in der verwirrenden, vernunftbetonten westlichen Gesellschaft. Poesie soll den „göttlichen" Aspekt des Daseins aufweisen, dessen Erkenntnis für eine diskursiv-rationale Sprache unzugänglich bleibt. In der nächsten Strophe versetzt sich der Dichter selbst in den Orient:

> Will mich unter Hirten mischen,
> An Oasen mich erfrischen,
> Wenn mit Karawanen wandle,
> Shawl, Kaffee und Moschus handle,
> Jeden Pfad will ich betreten,
> Von der Wüste zu den Städten.
>
> Bösen Feldweg auf und nieder,
> Trösten, Hafis, deine Lieder,
> Wenn der Führer mit Entzücken
> Von des Maultiers hohem Rücken
> Singt, die Sterne zu erwecken
> Und die Räuber zu erschrecken.

156 Vgl. Dichtung und Wahrheit, T1,4, GSW I/14, 155.

157 Dichtung und Wahrheit, GSW I/14, 143.

Will in Bädern und in Schenken
Heilger Hafis, dein gedenken;
Wenn den Schleier Liebchen lüftet,
Schüttelnd Ambralocken düftet.
Ja des Dichters Liebesflüstern
Mache selbst die Huris lüstern.

Goethe evoziert hier durch das Aufzählen typisch orientalisierender Begriffe wie „Karawanen", „Oasen", „Moschus", „Wüste", „Bad" und ein „verschleiertes Liebchen" exotisches Lokalkolorit, das an die Märchenwelt von 1001 Nacht denken läßt. In der Regel verzichtet er auf solche folkloristisch-märchenhaften Elemente, zumindest setzt er sie sparsam ein. Bei dieser Offenlegung seiner Erwartungen aber ist gerade der sinnlich-farbenfrohe Aspekt des Orients wichtig. „Sinnlich" und farbenfroh soll auch seine Dichtung sein.

Nun wird ausgeführt, was im Themenkomplex „Lieben, Trinken, Singen" anklang: Goethe begibt sich auf die Spur des Dichters Ḥāfiẓ. Die Erlebnisse, die Goethe ihm zuschreibt, und die Erfahrungen, die er selbst in seiner Orient-Reise nacherleben möchte, sind im Bereich der Dichtkunst angesiedelt und durch das Medium der Dichtung vermittelt. Die sinnlichen Erfahrungen, die Goethe im Orient auf der Spur von Ḥāfiẓ sucht, sind poetische Erfahrungen. Sie sollen sich in seiner Poesie niederschlagen. Nicht er selbst, seine Poesie soll verjüngt, frei, erotisch, sinnlich, berauschend werden. Es geht nicht um reale Liebe, sondern um des „Dichters Liebesflüstern". Es sind „Dichterworte", die im Orient in Sicherheit gebracht und regeneriert werden sollen.

Wolltet ihr ihm dies beneiden,
Oder etwa gar verleiden,
Wisset nur, daß Dichterworte
Um des Paradieses Pforte
Immer leise klopfend schweben,
Sich erbittend ew'ges Leben.

Genau betrachtet, ist der „reine Osten", wie ihn Goethe in „Hegire" entwirft, kompliziert und komplex: Er ist weder zeitlich noch räumlich fixierbar. Zeitlich umfaßt er den Ursprung der Menschheit, die Epoche der vorislamischen Beduinen sowie die folgende Islamisierung und reicht bis in die Gegenwart des „Sängers". Räumlich dehnt er sich aus von den „Wüsten bis zu den Städten".

Die zeitlichen und räumlichen Dimensionen dienen vielfach dazu, den Orient in seiner Gesamtheit zu umreißen; denn als Inbegriff der Geborgenheit und

> Sicherheit, worin Frieden, Harmonie und Ordnung herrschen, hat er mit der geographischen und historischen Wirklichkeit wenig Gemeinsamkeiten.[158]

Ilery meint, „der Ausbruch aus dem Okzident [sei] gleichzeitig Abkehr von der Wirklichkeit und Hinwendung zu einer dem Raum und der Zeit enthobenen, unhistorisch verstandenen (Geistes-) Welt des Ostens".[159] Im selben Sinne spricht Said vom Orient als „Vision" oder „Zusammenschau". Das Ergebnis der „Strukturierung des Fremdraumes"[160] ist ein in sich geschlossenes Ganzes, ein „tableau vivant".[161] Auf dieser Bildtafel ist alles synchron präsentiert, während die Regeln von Zeit und Raum außer Kraft gesetzt sind. Hier herrscht die ahistorische Zeit der Phantasie und Einbildungskraft. Der mythologische Raum dient der Regenerierung. Die Motivation zur Flucht ist Rückzug zur Rezeption für die anschließende Produktion.

3.1.2 Der Orient als Anschauung der Ästhetik Goethes

Für Herder und Goethe ist Poesie die Universalsprache. Der „West-östliche Divan" kann als Versuch gelesen werden, diese Universalsprache zu rekonstruieren. Auf der Metaebene ist der Orient Goethes keine geographische, wohl aber eine poetologische Einheit. Er veranschaulicht Goethes Poetik als System, dessen Teile selbstreferentiell die zugrundeliegende Ästhetik vorführen und bestätigen.

Goethes persönliches, dringlichstes Projekt, das er durch den Orient „speisen", nähren und verjüngen läßt, ist seine Poesie. Sie ist der Maßstab von Rezeption und Produktion. Dies wird nicht nur deutlich im Kapitel „Mahomet", in dem der Dichter „bekennt, daß wir bei unseren Betrachtungen vom Standpunkte der Poesie entweder ausgehen oder doch auf denselben zurückkehren".[162] In allen Kapiteln der „Noten" wie auch im Lyrikteil gibt es kaum ein Gedicht, das nicht selbstreferentiell auf die zugrundeliegende Ästhetik hin untersucht werden könnte. Jedes Gedicht kann als Zeichen gelesen werden, das auf sich selbst rückverweist. Entsprechend lautet das Motto vor dem Kapitel „Einleitung":

> Wer das Dichten will verstehen
> Muß ins Land der Dichtung gehen;
> Wer den Dichter will verstehen
> Muß in Dichters Lande gehen. (GSW I/3,1, 137)

158 Ilery, a.a.O., S. 200.

159 Ilery, a.a.O., S. 206.

160 Daniela Magill: Literarische Reisen in die exotische Fremde, Frankfurt am Main 1989, S. 78.

161 Said, a.a.O., S. 181.

162 GSW I/3,1, 157.

Die Verse beschreiben Goethes Symbolverständnis: Es liegt eine Doppelung von Idee und Bild vor. Der Zuordnung der Idee zu einem Bild, das diese „unbegrenzt" enthält, entspricht das Goethe'sche Symbol. Seiner Idee vom „Land der Dichtkunst" (Imagination oder Einbildungskraft), das man kennen soll, um das Dichten zu verstehen, entspricht seine Poetik oder Ästhetik. Um diese „Idee" zu begreifen, bedarf es der Anschauung, des Orients als dem Land von Ḥāfiẓ, dem Dichter. Goethe vollzieht im „Divan" beide Schritte nacheinander: Zunächst gibt er sich der „Einbildungskraft" hin, der „Imagination" – als „Land der Dichtung". Dann betritt er das „Land des Dichters", den Orient, der nun zur Veranschaulichung seines Phantasie-Reiches und zum Bild wird, das die Idee birgt. Der Entwurf einer solchen Phantasie-Welt ist an sich nicht problematisch. Die Fragwürdigkeit des Unterfangens wird erst deutlich, wenn man gewahr wird, wie Goethe vorgefundenes Material seiner eigenen Ästhetik angleicht und von dort her beurteilt. Sein Maßstab ist nicht politischer oder sozialer, sondern ästhetischer Natur. Was verworfen wird, steht im Widerspruch zu seiner poetischen Theorie, was er lobend hervorhebt, bestätigt sie. Der wirkliche Orient ist kaum von Interesse, er wird dem poetologischen Konzept unterworfen.

Anhand der poetologischen Aussagen des „Divan" kann der Poesie-Orient Goethes präziser charakterisiert werden. Immer wieder betont Goethe die besondere Art der Bezüge und Verknüpfungen, die in der altarabischen und persischen Dichtung vorgenommen werden:

> Die Fruchtbarkeit und Mannigfaltigkeit der persischen Dichter entspringt aus einer unübersehbaren Breite der Außenwelt und ihrem unendlichen Reichtum. Ein immer bewegtes öffentliches Leben, in welchem alle Gegenstände gleichen Wert haben, wogt vor unserer Einbildungskraft, deswegen ihre Vergleichungen oft so sehr auffallend und mißbeliebig sind. Ohne Bedenken verknüpfen sie die edelsten und niedrigsten Bilder, an welches Verfahren wir uns nicht so leicht gewöhnen. (GSW I/3,1, 178)

Die orientalische „Außenwelt" und ihr „unendlicher Reichtum" interessieren Goethe nur insofern, als er dort Bildmaterial für seine Poesie findet. So zieht er das Beispiel des „europäischen Bazars" und der „europäischen Messe" als Illustration dichterischen Verfahrens heran:

> Nicht immer sind die kostbarsten und niedrigsten Waren im Raume weit gesondert. [...] Wie auf einem Obst- und Gemüsemarkt sehen wir nicht allein Kräuter, Wurzeln und Früchte, sondern auch hier und da allerlei Arten Abwürflinge, Schalen und Strunke. (GSW I/3,1, 179)

Zwar kritisiert Goethe hier die Verknüpfung „edelster" und „niedrigster" Bilder, jedoch sind es genau diese Bezüge, die ihn an der orientalischen Poesie zu reizen und ihm zu gefallen scheinen. Zum Zweck der „Versinnlichung" und „Verjüngung" versucht er sich selbst in der Übernahme solcher Bezüge in „orientalischer" Manier. Er wählt einige Motive von Ḥāfiẓ aus und verknüpft nach dessen Vorbild „Hohes" mit „Niedrigem". So verfährt er zum Beispiel im Gedicht „All-Leben" mit dem Motiv des Staubes.

> Staub ist eins der Elemente,
> Das du gar geschickt bezwingest,
> Hafis, wenn zu Liebchens Ehren
> Du ein zierlich Liedchen singest.
> Denn der Staub auf ihrer Schwelle
> Ist dem Teppich vorzuziehen,
> Dessen golddurchwirkte Blumen
> Mahmuds Günstlinge beknien. (GSW I/3,1, 23/24)

In Ḥāfiẓ' Dichtung wird das Motiv des Staubes vielfach variiert. Auf ihn setzt die Geliebte ihren Fuß, und so wird er zum Gegenstand der Andacht. Oft auch ist Staub ein Bild für Vergänglichkeit und Sehnsucht.

> Weil deiner Thüre Schwellenstaub
> Des Auges Schminke wird
> So sage, wo ich bleiben soll
> Vor dieser Thüre, wo?[163]

Staub, ein minderwertiges Element, wird geheiligt, wenn die Geliebte ihn berührt. So geschieht es auch in Goethes angeführtem „All-Leben", wenn der Staub auf der Schwelle der Geliebten dem „Teppich" vorzuziehen ist, auf dem „Mahmuds Günstlinge" knien. Hier spielt Goethe nicht nur auf Ḥāfiẓ, sondern auch auf ein altarabisches Motiv an: Nach der Islamisierung und der Einrichtung des Kalifats taucht in der Beduinenlyrik immer öfter der Vergleich des Lebens im Zelt und in der Wüste mit demjenigen am prachtvollen Hofe des Kalifen auf. Dabei schneidet in der Regel, trotz seiner materiellen Entbehrungen, das Nomadenleben besser ab. „Staub" steht für den dichotomen Komplex von Seßhaftigkeit und Nomadentum, Freiheit und Sehnsucht nach der Wüstenheimat, Ungebundenheit und Unterordnung. Bei Goethe ist Staub mit Liebesdichtung und Befruchtung verbunden. „Staub" ist Symbol für Goethes „verjüngte" Dichtung; die Innovation liegt hier in der Verknüpfung hoher mit ästhetisch niedrigen Wertbeispielen.

Die literarische Stilfigur, die Bezüge herstellt zwischen weit auseinanderliegenden Elementen, ist der „Witz". Für Goethe scheint damit die orientalische Dichtkunst in besonderer Weise charakterisiert zu sein. Im „Geist" der orientalischen Poesie sind

163 Hammer-Purgstall: Der Divan des Hafis, a.a.O., Bd. I, S. 22.

> alle [...] Eigenschaften vereinigt, ohne daß irgend eine, das eigentümliche Recht behauptend, hervorträte. [...] Jene Dichter haben alle Gegenstände gegenwärtig und beziehen die entferntesten Dinge leicht aufeinander, daher nähern sie sich auch dem, was wir Witz nennen. (GSW I/3,1,181/82)

Was Goethe hier als „Witz" bezeichnet, trifft auf anderer Ebene auf den „Divan" insgesamt zu: Er vereinigt Auseinanderliegendes (Orient und Okzident, persische und deutsche Dichter, west-östliche Liebende), ohne von vornherein einem Teil ein Vorrecht vor dem anderen einräumen zu wollen. Die Ost-West-Dichotomie ist Zeichen seines poetischen Ideals. Auch das „Gegenwärtig-Haben" aller Dinge, das Goethe als Eigenheit der orientalischen Dichtung hervorhebt, ist Teil des poetologischen Konzeptes, das Getrenntes aufeinander bezieht. Der Dichter selbst verfährt so im Gedicht „Hegire", wenn er, was durch Zeit und Raum getrennt ist, synchron repräsentiert. Entsprechend lobt er sowohl die „Perser" wegen ihrer Verknüpfung von „weit Auseinanderliegendem", als auch die „älteren arabischen Dichter", die „zunächst am Naturquell der Eindrücke lebten und ihre Sprache dichtend bildeten." Dagegen zeigen

> diejenigen, die in eine schon durchgearbeitete Zeit, in verwickelte Verhältnisse kommen [...] zwar immer dasselbe Bestreben, verlieren aber allmählich die Spur des Rechten und Lobenswürdigen. Denn wenn sie nach entfernten und immer entfernteren Tropen haschen, so wird es barer Unsinn; höchstens bleibt zunächst nichts weiter als der allgemeinste Begriff, unter welchem die Gegenstände allenfalls möchten zusammenzufassen sein, der Begriff, der alles Anschauen, und somit die Poesie selbst, aufhebt. (GSW I/3,1, 197–98)

„Poesie selbst" entspricht also dem „Anschauen". Sie muß an „Eindrücken" festgemacht und mit Erscheinungen der Natur, der materiellen Welt, verbunden sein. Ein negatives Gegenkonzept hierzu bildet der „allgemeinste Begriff" als „barer Unsinn", da er nicht mehr vom Konkreten ausgeht. Beiden Polen – der Anschauung wie dem „allgemeinsten Begriff" – entsprechen die literarischen Kategorien von Symbol und Allegorie. Während bis zum 18. Jahrhundert beide Begriffe synonym gebraucht wurden, grenzt Goethe sie voneinander ab. In den „Maximen und Reflexionen" finden sich Erläuterungen und Definitionen beider Stilfiguren:

> Es ist ein großer Unterschied, ob der Dichter zum Allgemeinen das Besondere sucht oder im Besonderen das Allgemeine schaut. Aus jener Art entsteht Allegorie, wo das Besondere nur als Beispiel, als Exempel des Allgemeinen gilt; die letzere aber ist eigentlich die Natur der Poesie, sie spricht ein Besonderes aus, ohne ans Allgemeine zu denken oder darauf hinzuweisen. Wer

> dies Besondere lebendig faßt, erhält zugleich das Allgemeine mit, ohne es gewahr zu werden, oder erst spät.[164]

Die beiden Begriffe stehen zueinander in der Spannung von Synthese und Verweisung, Sein und Bedeuten. Goethe wertete den Symbolbegriff gegenüber der Allegorie auf. Jede Form von Allegorie, zu der er auch die emblematische Darstellung wie überhaupt alle „willkürlichen" Zeichen mit abstraktem Sinngehalt zählt, schienen ihm unvereinbar mit dem „wahren" Wesen von Kunst. Von den allegorischen Kunstwerken läßt sich nach Goethe

> am wenigsten Gutes erwarten, weil sie gleichfalls das Interesse an der Darstellung selbst zerstören und den Geist gleichsam in sich selbst zurücktreiben und seinen Augen das, was wirklich dargestellt ist, entziehen; das Allegorische unterscheidet sich vom Symbolischen, daß dieses indirekt, jenes direkt bezeichnet.[165]

Indem sie „direkt" bezeichnet, kommt der allegorischen Darstellung nur in ihrer Bedeutung und Verweisung Sinn und Funktion zu. Das Symbol dagegen hat auch an sich Wert und Gültigkeit und weist erst auf einer zweiten Ebene über sich hinaus, indem es „indirekt" bezeichnet. Goethes Symbolbegriff beruht auf der Annahme, daß Ideen, in Symbole gefaßt, anschaulich sein können. Meine These lautet, daß der Orient auf der Metaebene als Symbol zu sehen ist: Er dient der Anschauung einer Idee, genauer: Goethes Poetik. Diese ist – durch die Adaption orientalischer Motive – vom Orient „gespeist"[166] und anschaulich gemacht.

Der Orient entspricht also dem poetologischen Gesamtsystem Goethes, zu dessen Untergruppen Allegorie und Symbol gehören. Alles, was Goethe vom Orient wahrnimmt, aufgreift, bearbeitet, bewertet, ist einer der beiden Kategorien zuzuordnen. So gehören in den Bereich „Symbol" die hedonistische Dichtung des Ḥāfiẓ und die Dichtung der vorislamischen Beduinen. Das ganze Kapitel „Araber"[167] ist ein einziges Lob der altarabischen Beduinendichtung. Ihre Poesie sei am „Naturquell der Eindrücke" entstanden; somit stelle sie eine Art von Ur-Poesie und Ur-Sprache dar, die Goethe im Orient zu entdecken hoffte. Diese Sprache ist Symbol schlechthin, da für sie die Entfremdung zwischen Signifikanten und Signifikat, zwischen Sein und Bedeutung noch nicht eingetreten ist.

Zur Kategorie Allegorie hingegen gehört die mystische Dichtung, die Goethe ablehnt. So wird im „Divan" letztlich alles zur „Anschauung" von „richtiger" und „falscher" Poesie. Im Kapitel „Künftiger Divan" sagt Goethe, im Orient sei

164 Maximen und Reflexionen, GSW I/13, 368.

165 J.W. Goethe: Sämtliche Werke, Münchner Ausgabe, Bd 4.2, München 1986.

166 Vgl. Said, a.a.O., S. 180.

167 GSW I/3,1, 141–148, Kapitel „Araber".

> alles Betrachtung, die zwischen dem Sinnlichen und Übersinnlichen hin- und herwogt, ohne sich für eins oder das andre zu entscheiden. (GSW I/3,1, 219)

Dies Hin- und Herschweifen zwischen den beiden Ebenen entspricht seinem Symbolbegriff. Auch im Symbol der Reise ist diese Bewegung zwischen den „beiden Welten" formuliert, der Reisende entpuppt sich als Spielart des idealtypischen Poeten. Die persische Dichtung findet Goethes Gefallen, weil sie ebenfalls die für seinen Symbolbegriff typische Wechselbewegung umfaßt:

> Man hat von der persischen Dichtkunst mit Wahrheit gesagt, sie sei in ewiger Disastole und Systole begriffen; vorstehende Gedichte bewahrheiten diese Ansicht. Immer geht es darin ins Grenzenlose und gleich wieder ins Bestimmte zurück. Der Herrscher ist ein Weltlicht und zugleich seines Reiches Herr, der Schirm, der ihn vor der Sonne schützt, breitet seine Schatten über die Weltflur aus, die Wohlgerüche seines Leibgurts sind dem Saturn noch ruchbar, und so weiter [...]. (GSW I/3,1, 292)

Dem Gegenkonzept, der Allegorie, entspricht nach Goethes Auffassung die mystisch-sufistische Dichtung. Mystische Elemente akzeptiert er lediglich dann, wenn sie sich durch „weltlich-enkomiastische" Momente[168] von der islamischen dogmatischen Poesie abheben. Der wichtigste Vertreter dieser Richtung ist der Dichter Ḥāfiẓ, den Goethe, wie gezeigt wurde, nie rein mystisch, sondern weltlich interpretierte.[169] Die lebensfeindlichen Tendenzen der Mystiker, die auf Abtötung des Leibes und Weltflucht zielen, stellen für Goethe Allegorien dar. Auf einer Metaebene werden die islamischen Ṣūfīs im „Divan" zur Verkörperung, zur Anschauung von Allegorien. Ihre Dichtung – so Goethe – genüge sich im bloßen Zeigen und Verweisen. Der Mystiker gebe nur

> Rechenschaft von allen den Torheiten, durch welche, stufenweis, der in seinem irdischen Wesen gefangene Mensch sich der Gottheit unmittelbar anzunähern und sich zuletzt mit ihr zu vereinigen gedenkt; da denn doch zuletzt nur widernatürliche und widergeistige, grasse Gestalten zum Vorscheine kommen. (GSW I/3,1, 175/76)

„Stufenweise" auf mystischem Pfade bewegt sich der Mystiker weg von der irdischen Welt. Goethe, der es vorzieht, sich zwischen „beiden Welten" zu bewegen, hat für Weltflucht kein Verständnis. Wenn er dem Mystiker vorwirft, sich in das „unpersönliche Wesen" zu flüchten, „das von Ewigkeit her alles durchdringt", so stellt er als positives Beispiel denjenigen Poeten dagegen, der „die ihm vorschwe-

168 Vgl. Mommsen, a.a.O. S. 324.
169 Vgl. hierzu v.a. Kapitel vier.

bende Vollkommenheiten an vorzügliche Personen verwendet"[170], Phantasie also an das Materielle rückbindet. Goethe ist im „Divan" selbst so verfahren: Die ihm „vorschwebende Vollkommenheit" der Idee, die ideale Poesie, hat er an einer Reihe von Personen versinnbildlicht. Besonders Ḥāfiẓ wird zum „sinnstiftenden Gleichgewicht von Ideal und Leben", zum Symbol, „zugleich allgemeingeltend und konkret genießbar".[171] Nur hat er die beispielhaften Personen vorher ein wenig zurecht gestutzt, bis sie wirklich als Symbole zur Illustrierung seiner Idee taugten.

Wenn in dialogisch-dichotomer Form einem „östlichen" ein „westliches" Gedicht anderen Inhalts nachgestellt wird, lassen sich beide selbstreferentiell als Ausführung beider poetologischer Kategorien deuten:

> DSCHELAL EDDIN RUMI spricht
> Verweilst du in der Welt, sie flieht als Traum,
> Du reisest, ein Geschick bestimmt den Raum;
> Nicht Hitze, Kälte nicht vermagst du fest zu halten,
> Und was dir blüht, sogleich wird es veralten.
>
> SULEIKA spricht
> Der Spiegel sagt mir ich bin schön!
> Ihr sagt: zu altern sei auch mein Geschick.
> Vor Gott muß alles ewig stehn,
> In mir liebt Ihn, für diesen Augenblick. (GSW I/3,1, 48/49)

Der Mystiker Rūmī steht für das Konzept der Allegorie, die sich im Verweisen und Bedeuten genügt, „Suleika" dagegen ist Symbol: Sie ist schön, und sie bedeutet gleichzeitig die Schönheit Gottes.

Die Allegorie als literarische Stilfigur ist nicht das einzige Gegenkonzept zum Symbol, das im „Divan" veranschaulicht wird. Wie die Mystiker, so stellen auch Dogmatiker, Religions- und Rechtsgelehrte Widersacher und Gegner von „Hatem" und „Hafis" dar. Auch sie stehen im Widerspruch zur „wahren" Poesie des Symbols. Sind die Mystiker Sinnbild des „allgemeinsten Begriffes", so stehen die Dogmatiker für das andere Extrem: Ihre Sprache ist instrumentalisierte, eindimensionale, auf das Profane beschränkte Prosaik. Wenn Goethe im Kapitel „Kaliphen"[172] die Bücherverbrennungen durch die Araber nach der Einführung des Islam kritisiert, dann verleiht er seiner Abneigung gegen Phantasiefeindlichkeit Ausdruck. Muḥammad verkörpert für Goethe nicht nur Sinnenfeindlichkeit, er zeichnet sich auch aus durch Phantasie- und Geistlosigkeit. So macht Goethe dem Propheten den Vorwurf, er habe seinem Stamm eine „düstere Religionshülle" übergeworfen, die jede Aussicht auf reine Fortschritte zu verhüllen wußte".[173] Seine angebliche

170 GSW I/3,1, 172, Kapitel „Dschelal-Eddin Rumi".

171 Adolf Muschg: Goethe als Emigrant, Frankfurt am Main 1986, S. 78.

172 GSW I/3,1, 161/62.

173 GSW I/3,1, 142 Kapitel „Araber".

„Abneigung gegen Poesie“[174] hat ihm Goethes Sympathie verscherzt. Allerdings hat Goethe übersehen, daß Muḥammad anfangs heftigen Vorwürfen von seiten seiner Gegner ausgesetzt war; sie behaupteten, daß Muḥammad ein Zauberer sei, ein Dichter, der in Zungen spricht. Daraufhin distanzierte sich der Prophet von den Dichtern. Ihm wird die Aussage zugeschrieben: „Besser ist, daß einer von euch sich den leeren Magen mit Euter fülle, als den leeren Kopf mit Poesie.“[175] So meint Goethe, einige verwegene Muslime hätten behauptet, „Mahomet habe ihre Sprache und Literatur verdorben, so daß sie sich niemals wieder erholen werde“.[176]
„Nüchternheit“ ist ein Kennzeichen dieser dritten Sprachkonzeption (neben Allegorie und Symbol), zu deren Vertretern der Prophet Muḥammad zählt. Dies macht ihm Goethe, zum Beispiel wenn es um das Weinverbot geht, zum Vorwurf.

> Horch! Wir andren Musulmanen
> Nüchtern sollen wir gebückt sein,
> Er, in seinem heilgen Eifer,
> Möchte gern allein verrückt sein. (GSW I/3,1, 111)

Muḥammad wird, weil er „Nüchternheit“ gebietet, zum Feind der Dichtkunst. Zwar erkennt Goethe gewisse Gemeinsamkeiten zwischen „Poeten“ und „Propheten“ an, gravierender aber sind die Unterschiede, die sie als Vertreter verschiedener Sprachkonzeptionen aufweisen:

> Beide sind von einem Gott ergriffen und befeuert, der Poet aber vergeudet die ihm verliehene Gabe im Genuß, um Genuß hervorzubringen [...]. Alle übrigen Zwecke versäumt er, sucht mannigfaltig zu sein, sich in Gesinnung und Darstellung grenzenlos zu zeigen. Der Prophet hingegen sieht nur auf einen einzigen bestimmten Zweck; solchen zu erlangen bedient er sich der einfachsten Mittel. Irgendeine Lehre will er verkünden und, wie um eine Standarte, durch sie und um sie die Völker versammeln. Hierzu bedarf es nur, daß die Welt glaube; er muß also eintönig werden und bleiben, denn das Mannigfaltige glaubt man nicht, man erkennt es. (GSW I/3,1, 157)

Der Poet erzeugt „Genuß“, ansonsten verfolgt er keine weiteren Zwecke, seinem Tun liegt also keine Absicht zugrunde. Sein Werk ist „mannigfalig“, in „Gesinnung und Darstellung grenzenlos“. Dies entspricht Goethes Konzept, daß die Idee im Bild – im Symbol – grenzenlos und unfaßbar enthalten sein müsse. Der Poet strebt Vielschichtigkeit und Mehrdeutigkeit an. Dagegen ist das Werk des Propheten einlinig und zweckorientiert. Der „Prophet“ ist Chiffre für eine Auffassung von

174 GSW I/3,1, 157, Kapitel „Mahomet“.
175 Nach Mommsen, a.a.O., S. 136.
176 GSW I/3,1, 159.

Sprache als bloßem Mittel zum Zweck der Verständigung; deshalb ist seine Sprache eindimensional, stereotyp und simpel.

Beides, die Reduzierung von Sprache auf den funktionellen, instumentellen, informierenden Aspekt (beim Propheten), oder ihre Verallgemeinerung, bis nur das Abstraktum im Begriff übrig bleibt (beim Mystiker) sind negativ bewertete Gegenkonzepte zur „reinen Kunstauffassung“. Poetologisches Ideal ist das Symbol, veranschaulicht im Dichter Ḥāfiẓ, der keiner der beiden „großen Strömungen“ des Islam angehörte (weder der Mystik noch dem dogmatischen Sunnismus oder Šiʿismus), der vielmehr „zwischen den Welten“ schwebte: Seine Dichtung ist unkonventionell, sinnlich, lebensbejahend – weder zu abstrakt noch zu „zweckmäßig“, sie ist vieldeutig und mehrschichtig.

Der Orient ist für Goethe Quelle, „Naturquell“ von Texten, von Material der Rezeption. Aus dem orientalischen Poesie-Fundus holt er sich Bilder und Motive zur „Verjüngung“ der eigenen Poesie. Nach Said „speist“ er sich im Orient. Auf die Rezeption folgt die Produktion, der Orient wird dabei zur Projektionsfläche. Der reproduzierte Orient gibt der Poetik und Ästhetik des Symbols Raum, er ist selbst Meta-Symbol, das weitere Sprachkonzeptionen enthält. Der Orient Goethes ist und bedeutet Poesie. Er macht das persönlichste Anliegen, Goethes Projekt, „anschaulich“.

3.2 Das Motiv der Flucht bei Heine

Wie bei den meisten seiner Dichter-Kollegen hat die „Sehn-Sucht“ auch im Werk Heines ihre Spuren hinterlassen. Auch er verfiel der „Europa-Müdigkeit“, die ihn veranlaßte, in längst vergangenen Zeiten und an weit entfernten Orten nach Alternativen zu suchen. Wackenroder fand sie im Osten: „Das Morgenland ist die Heimat alles Wunderbaren.“[177] Und Schlegel vertrat die Ansicht: „Im Orient müssen wir das höchste Romantische suchen.“[178] Die Suche nach der Alternative in der Fremde gestalteten nicht wenige – wie Goethe – als „Flucht“. Dieser „Eskapismus“ wurde ihm von einigen Zeitgenossen, nicht zuletzt von Heine[179], zum Vorwurf gemacht.[180] Auch Heine wandte sich dem Orient zu. Im folgenden soll untersucht werden, wie sich seine „Flucht“ von derjenigen Goethes unterscheidet. Auch hier lautet die These, daß der Orient Heines einem poetologischen Programm entspricht, allerdings kommt diesem, über den ästhetischen Aspekt hinaus, mehr praktisch-politische Relevanz zu als bei Goethe.

177 Zitiert nach Fendri, a.a.O. S. 175.

178 Friedrich Schlegel, Athenäum III, Berlin 1800, S. 103.

179 Vgl. seine Stellungnahme in der „Romantischen Schule“, die in Kapitel zwei besprochen wurde.

180 Doch die Goethe-Anhänger beeilten sich sogleich zu versichern, daß es sich niemals um eine Abwendung von der Realität, ondern lediglich um einen zeitweiligen „Rückzug“ handelte, der ihn frisch und gestärkt zu neuen Taten habe schreiten lassen.

3.2.1 Die „Östliche Gartenheimat"

Fendri entdeckt bei Heine zwei Orient-Konzepte: einen Phantasie-Orient und einen wissenschaftlichen Orient, wobei

> diesem [dem wissenschaftlichen] unbestritten [...] Heines gelegentliches Interesse [galt]. Jenem galt seine schwärmerische Liebe und beständige Sehnsucht.[181]

Tatsächlich hat Heine, im Gegensatz zu Goethe, unterschieden zwischen real existentem geographischem Ort und Produkt der Imagination. Er bezeichnete seinen imaginären Orient als „real unrichtigen, aber in der Idee richtigen Poesie-Orient"[182]. Dieser Orient ist Ziel seines Fernwehs oder gar Heimwehs, wenn er von der „östlichen Gartenheimat" (Der Phönix) oder von einer „Palme im heißen Morgenland" träumt. Er ist Teil eines komplementären Gegenentwurfs zu den eigenen Gegebenheiten. Dabei kann er dem „mageren Spiritualismus" des Okzidents die „gesunde Körperwelt" und Sinnlichkeit des Orients entgegensetzen. Es gibt also eine Reihe von Gedichten, in denen Heine positiv das Bild einer alternativen Welt entwirft. Dies sind jedoch eher Ausnahmen, in der Regel verfährt Heine anders. Deshalb kann man ihn nicht rundweg der Gruppe der Exotisten zurechnen.

Fendri hält „Europaüberdruß" für das Charakteristikum einer ganzen Künstlergeneration im 19. Jahrhundert.[183] Daraus habe ein kollektiver Exotismus resultiert: Kompensation für das Leiden an der „Zivilisation" suchte man im Orient. Gewiß zeigt auch Heine solche Tendenzen. Wenn er aber Strömungen der Zeit aufgreift, so parodiert er sie auch sogleich. Bereits mehrfach wurde gezeigt, daß er Sehnsucht als Sehnsucht bestehen läßt und Utopie als Utopie entlarvt. Am 20.3.1843 schreibt er:

> Es sind drei Dinge, die mich am Ende bestimmen, den Okzident zu verlassen und irgend eine unzivilisierte Oase im Morgenlande aufzusuchen: diese drei sind nämlich die Gasbeleuchtung, der Dampfmaschinenrauch und das liebe Klavierspiel. [184]

Selbst wenn er, in wenigen Gedichten, einmal einen exotischen Orient als Ort der Sehnsucht entwirft, ihn mit ausgeprägt sinnlichen Details ausstattet und damit den zeitgenössischen Diskurs aufgreift, so bleibt er bloßer Reproduktion nicht verhaftet.

181 Fendri, a.a.O., S. 176.

182 Heinrich Heine: Sämtliche Werke. Hg. von Ernst Elser, Bd. 7, Leipzig und Wien 1887, S. 424.

183 Vgl. Fendri, a.a.O., S. 179.

184 M. Mann (Hg): Heinrich Heine. Zeitungsberichte über Musik und Malerei. Frankfurt am Main 1964, S. 143.

Er thematisiert nämlich immer auch die Kehrseite dieser Tendenz: den Überdruß Deutschlands und Europas und die Beweggründe für die Sehnsüchte nach der Fremde. Stets parodiert er diese Tendenzen: Unter den deutschen Dichtern trieb der literarische „Eskapismus" Blüten. Irgendein Unwohlbefinden (Heine wählt hier das banale Beispiel einer Störung durch Klavierspielen) weckte das Verlangen, sich an einen anderen Ort zu versetzen, um sich der „Kostenseite" der eigenen Welt, der „Zivilisation", zu entziehen.

Der Traum-Charakter des Orients als Kontrastbild zur eigenen Realität ist offensichtlich. Wenn Heine die „Flucht" dorthin ergreift, so ist der Poesie-Orient immer als imaginär gekennzeichnet. Heines Traum ist ein „verlorener Traum". Said beschreibt den Zyklus von Illusion und Desillusionierung folgendermaßen:

> Die Erinnerung des modernen Orients streitet mit der Imagination, schickt ihn zur Imagination zurück als den Ort, der für die europäische Sensibilität vorzuziehen sei. Für jemanden, der nie den Orient gesehen hat, sagte Nerval einmal zu Gautier, ist eine Lotusblüte immer noch eine Lotusblüte, für mich ist sie nur eine Art Zwiebel.[185]

Heine ist sich dessen bewußt: Für ihn ist eine Lotusblüte zwar noch eine Lotusblüte, aber sie gehört zu einem Phantasie- und Poesie-Orient und nicht in ein geographisch umschriebenes Land. Sein Orient ist nicht „unwandelbar" wie derjenige Goethes, sondern, im Gegenteil, sehr flexibel an die jeweiligen Defizite anzupassen: Er leistet das, was dem Eigenen verwehrt ist –, allerdings nur in der Phantasie. Dabei sind Phantasie und Realität letztlich unvereinbar. „Orientalisieren" heißt bei Heine ironisieren, parodisieren und entlarven, doch bedeutet Ironie nicht nur ein ästhetisches Konzept künstlerischer Gestaltung, sondern darüber hinaus auch ein lebensweltlich-politisches Programm.

3.2.2 Heine als Paria: Der Orient als Niemandsland

Pfeifer bezeichnet Heines Außenseiterstellung in der europäisch-christlichen Gesellschaft als zentrales Motiv seiner Hinwendung zum Orient.[186] Während Goethes Unbehagen, das ihn zur Flucht bewegte, auf subjektiver Wahrnehmung beruhte, wurzelte Heines Außenseitertum in seinem Judentum. Diese Tatsache wurde auch „von außen" gespiegelt, dann etwa, wenn der Nationalist von Treitschke Heine als „Orientalen" bezeichnete, der „nicht nach Germanenart zu zechen" verstehe.[187] Die Rezeption von Heines Lyrik zeigt denn auch eine merkwürdige Ambivalenz: So wurden seine Texte zum Teil zu populär-folklorischem Volksgut, zu Säulen

185 Said, a.a.O., S. 117.

186 Vgl. Pfeifer, a.a.O., S. 1.

187 H. v. Treitschke: Deutsche Geschichte im 19. Jahrhundert, Bd. IV, Leipzig 1907, S. 424. Zitiert nach: Fendri, a.a.O., S. 9.

deutschen Liedguts; andererseits hat man sein Werk als „Fremdkörper“ ausgegrenzt und marginalisiert. Auch in Heines Biographie spiegelt sich diese Tatsache. Lange vor seinem Pariser Exil war er schon Außenseiter in Deutschland, ein Dichter, der sein Judentum zwar nicht verleugnete, sich aber dafür entschied, zum Protestantismus zu konvertieren und seinen Namen einzudeutschen.

In seinen „Memoiren“ erzählt Heine eine Legende, die von seinem verstorbenen Großonkel Simon van Geldern handelt. Man nannte ihn „Morgenländer“, und es wurde von ihm erzählt, er habe als „Šaiḫ“ eines jüdischen Beduinenstammes in Nordafrika gelebt.[188] Als Kind hat sich Heine mit diesem Onkel so stark identifiziert, daß es ihm schließlich vorkam, „als sei ich selbst mein seliger Großoheim und als lebte ich nur eine Fortsetzung des Lebens jenes längst Verstorbenen“.[189] Doch blieb ihm auch in der Phantasie die Diskrepanz von Wünschen und Realität schmerzlich bewußt. Schon als Kind hat er „mit Grauen“ bemerkt, daß er ein anderer ist, der in einer anderen Zeit und unter anderer Tradition, Denk- und Gefühlsweise lebt, die zu derjenigen der Beduinen „widerwärtig kontrastiert“.[190] Daß er das Leben seines Vorfahren nicht fortlebt, ist ihm durchaus bewußt. Pfeifer weist in diesem Zusammenhang darauf hin, daß Heine ein „kritiklos die Schönheit der Vergangenheit beschwörender Schriftsteller“[191] nie sein konnte. Nicht nur das: Nie würde er irgendeine Form von Ausschließlichkeit, Bestimmtheit, Wahrheit proklamieren. Statt dessen weiß er um die Relativität und Vorläufigkeit seiner Aussagen. Auch weisen seine Bilder stets auf den zurück, der sie entworfen hat. Die Bedingungen, unter denen sie entstanden sind, werden transparent.

Im Bild des Großonkels vereinigen sich Aspekte von „Judentum“ und „Orient“. Heine stammte mütterlicherseits von sephardischen Juden ab. Damit hängt eine besondere Affinität zum maurischen Spanien zusammen, das er in seinen Texten häufig als Ort der Handlung wählt. Dieses maurische Spanien gilt als „Schmelztiegel“ von Kulturen und Religionen. Die spanischen Juden standen zwischen den Kulturen: Sie partizipierten am christlichen Okzident wie am islamischen Orient. Dennoch waren sie weder mit dem einen noch mit dem anderen zu identifizieren. Heines eigene Situation weist Parallelen auf zu derjenigen der Juden in Spanien. Auch er saß „zwischen den Stühlen“, zwischen den Nationen, zwischen den religiösen und politischen Gruppierungen.

Diese Hinweise verdeutlichen, daß der Orient für Heine eine viel dringlichere Funktion erfüllte als für Goethe, der mit der Idee einer „Auswanderung“ lediglich kokettierte. Zwar gestaltet auch Heine seine „Flucht“ in den Orient ähnlich imaginär-realistisch wie Goethe, doch war sein Ausgangspunkt ein anderer. Im April 1822 schreibt Heine an seinen Freund Christian Sethe:

188 HSW 15/71.
189 HSW 15/73.
190 HSW 15/73.
191 Pfeifer, a.a.O., S. 3.

> Alles Deutsche wirkt auf mich wie ein Brechpulver. Die deutsche Sprache zerreißt mein Ohr. Die eignen Gedichte ekeln mich zuweilen an, wenn ich sehe, daß sie auf deutsch geschrieben sind. Sogar das Schreiben dieses Billets wird mir sauer, weil die deutschen Schriftzüge schmerzhaft auf meine Nerven wirken. Je n'aurais jamais crû que ces bêtes qu'on nomme Allemands, soient une race si ennuyante et malicieuse en même temps. Aussitôt que ma santé sera rétablie je quitterai l'Allemagne, je passerai en Arabie, j'y menerai une vie pastorale, je serai homme dans toute l'étendu du terme, je vivrai parmi des chameaux qui ne sont pas étudiants, je verais des vers arabes, beaux comme le Moalaccat, enfin je serai assis sur le roché sacré, où Meschnun a soupiré après Leila. O Christian, wüßtest Du, wie meine Seele nach Frieden lechzt und wie sie doch täglich mehr und mehr zerrissen wird.[192]

Die Textpassage weist eine Reihe von Ähnlichkeiten mit Goethes „Hegire" auf: Auch Heine spricht hier von einer „Auswanderung" in ein vom Beduinenmilieu geprägtes Arabien. Er wünscht sich ein einfaches, naturverbundenes „Schäferleben", möchte seine Manneskraft unter Beweis stellen (vergleichbar der auch in „Hegire" thematisierten erotischen Komponente); die „Kamele" im Orient sind authentische Kamele, während sie in Deutschland lediglich als Metapher für Studenten anzutreffen sind. Seine Verse, meint Heine, könnten von einer Qualität sein wie die altarabischen Muʿallaqāt, „Musterbeispiele" der Dichtkunst. Selbst eine Liebesbeziehung wäre dort ausgezeichnet durch ein Höchstmaß an „heiliger" Leidenschaft, für die das Protopaar der Liebenden Lailā und Maǧnūn steht. Auch Heine verweist auf „Sprachliches": wie Goethe geht es ihm um Textuelles. Doch ist Sprache für Heine nicht, wie für Goethe, auf eine Ästhetik der „reinen Kunstauffassung" beschränkt; vielmehr wurzelt sie in der Lebenssituation in Deutschland zu einer Zeit des offenen Antisemitismus. Die deutsche Sprache entspricht Deutschland schlechthin. Der Wechsel in die Fremdsprache, hier das Französische, ist jedoch nur eine Schein-Lösung. Heine legt kein Konzept vor, das einen zufriedenstellendenden Ausweg aus der Misere beschreibt, wie es Goethes „Hegire" suggeriert. Die Spiegelung der Goethe'schen Vorlage erfolgt wie in einem Vexierspiegel: Wie häufig in der Dichtung Heines, erscheint das Vorbild ironisch-verzerrt. Zwar ist auch sein Zufluchts-Orient ein Ort der Ursprünglichkeit, der Reinheit und Wahrhaftigkeit, doch ist er schon durchsetzt von Parodien. Der Orient existiert nur auf dem Papier, nicht in der Realität. Zwar „lechzt" Heine nach Frieden und nach einer Alternative zum Gegebenen. Aber gegen die „Zerrissenheit" bleibt nur eine Zuflucht in Träume, in eine andere Sprache – andere Wörter, doch keine andere Realität. Anders als Goethe zieht Heine hier die Grenze nicht nur zwischen den Sprachen, Nationen und Kulturen, sondern quer durch das eigene Ich. Im

192 HSA 20, 50.

Begriff der „Zerrissenheit“ benennt er die eigene, innere Fremdheit.[193] In diesem Sinne schreibt Heine 1831 aus Paris: „Fliehen wäre leicht, wenn man nicht das Vaterland an den Schuhsohlen mit sich schleppte!“[194] Als Jude bleibt er stets Außenseiter, gleichgültig, ob er sich zum Judentum bekennt oder nicht. Wie Goethe erhofft sich Heine, daß sich eine Reihe von Wünschen (Erotik, Erwärmung, Freiheit, Ursprünglichkeit) erfüllen möchten, darüber hinaus aber sind seine Motive von intensiverer Dringlichkeit und größerer Konkretheit: Während Goethes Flucht der Rettung der Poesie gilt, geht es Heine um die Rettung der Existenz. Wo Goethe mit ästhetischem Blick auf die Poesie-Welt des Osten schaut, sucht Heine nach Auswegen aus unmittelbarer Bedrohung. Erinnert sei an seine Stellungnahme zum „Divan“ in der „Romantischen Schule“: Die Trennung von politischer Wirklichkeit und Kunstauffassung, die er Goethe vorwirft, weist auf den Unterschied der Motive hin, die die beiden zur „Flucht“ in den Orient bewogen haben.

3.2.3 Das Problem der Konvertierung im Gedicht „Almansor“

Die Bedeutung von nationaler und religiöser Zugehörigkeit für die eigene Identität hat Heine mehrfach thematisiert. Häufig hat er sich mit Situationen des Übergangs, der Grenzüberschreitung und mit den daraus resultierenden Konflikten beschäftigt. Eine tief ins Existentielle hineinreichende Grenzüberschreitung stellt die Konvertierung von einer Religion in eine andere dar. Als Rahmen für die Darstellung des Problems der Konvertierung, des Zusammenspiels und Aufeinanderprallens der Religionen und Kulturen, wählt er das maurische Spanien. Fendri weist darauf hin, daß sich Heine zeit seines Lebens immer wieder mit der Geschichte der Maurenherrschaft beschäftigt hat.[195] Zeugnisse dieser Auseinandersetzung sind die Gedichte „Don Ramiro“ (1817), „Ständchen eines Mauren“ (1821), „Donna Clara“ und „Almansor“ (1826), „Der Mohrenkönig“ und „Jehuda Ben Halevy“ (erschienen 1851) sowie das Drama „Almansor“ (1820–22).[196]

In seiner Darstellung der Situation von Granada nach der Reconquista und der Vertreibung der Mauren bis zum Jahr 1492 weicht Heine von den üblichen zeitgenössischen Interpretationen ab: Im Gegensatz zur deutschen Romantik mit ihrer Verherrlichung der Reconquista und der *reyes católicos* schildert Heine den kulturellen Niedergang Spaniens nach einer Zeit der Blüte. Er thematisiert die Leiden der Mauren und Juden und die Greueltaten der spanischen Inquisition.

193 Vgl. Christian Bergmann: Zerrissenheit. Überlegungen zum romantischen Thema des Identitätskonflikts. In: Akten des VIII. Internationalen Germanisten-Kongresses. Hg. von Eijiro Iwasaki, Bd. II, 1991, S. 227–235.

194 HSA 20, 50.

195 Fendri, a.a.O., S. 19.

196 Pfeifer, a.a.O., S. 26.

Fendri betont, daß Heine, wenn er von der Maurenherrschaft in Spanien spricht, sich voller Teilnahme und mit Bewunderung für die muslimische Kulturepoche äußert. Gleichzeitig prangert er die grausame Gewaltherrschaft der Christen, ihre Intoleranz und Borniertheit an.[197] Fendri weist darauf hin, daß es Heine nicht nur um die Darstellung des eigenen Schicksals hinter der Maske des Maurentums gehe; dennoch sind Ähnlichkeiten zwischen den Vorgängen nach dem Fall Granadas, den Judenpogromen der Geschichte und dem Lebensgeschick Heines unverkennbar. Nach der Reconquista kam es in Spanien zu gewaltsamen Konflikten zwischen der katholischen Staatsreligion auf der einen und assimilierten oder orthodoxen Juden sowie getauften oder sich widersetzenden Mauren auf der anderen Seite. Die Sieger forderten die Taufe, das heißt die totale Unterwerfung der Angehörigen anderer Religionen. Konvertierung machten sie zur Bedingung, den Ansässigen überhaupt Schutz und Bürgerschaft zu gewähren. Die Parallelen zu Heines eigener Situation als konvertiertem deutschen Juden in Preußen nach der Aufhebung der Napoleonischen Gesetze zur Judenemanzipation liegen auf der Hand.[198] Judentum -, das ist für Heine „immer wie ein Stück Okzident, das sich mitten im Orient verloren“ hat.[199] Das Drama „Almansor“, das die Konvertierung zum Inhalt hat, ist bei Fendri erläutert und interpretiert, auch Pfeifer widmet ihm ein eigenes Kapitel.[200] Das gleichnamige Gedicht „Almansor“ thematisiert die Problematik ebenfalls:

> In dem Dome zu Cordova
> Steht Almansor ben Abdullah
> All die Säulen still betrachtend,
> Und die stillen Worte murmelnd:
>
> „o, ihr Säulen, stark und riesig,
> Einst geschmückt zu Allahs Ruhme,
> Jetzo müßt ihr dienend huld'gen
> Dem verhaßten Christenthume!
>
> Ihr bequemt euch in die Zeiten,
> Und ihr tragt die Last geduldig;
> Ei, da muß ja wohl der Schwächre
> Noch viel leichter sich beruh'gen.“
>
> Und sein Haupt, mit heiterm Antlitz,
> Beugt Almansor ben Abdullah
> Über den gezierten Taufstein
> In dem Dome zu Cordova. (HSW I/1, 319–27)

197 Fendri, a.a.O., S. 73.

198 Vgl. Karlheinz Fingerhut: Spanische Spiegel. Heinrich Heines Verwendung spanischer Geschichte und Literatur zur Selbstreflexion des Juden und Dichters. In: Heine-Jahrbuch 1992. Hg. von Joseph A. Kruse, Hamburg 1992, S. 107.

199 HSW 15/46.

200 Vgl. Pfeifer, a.a.O., S. 30–61.

Almansor, Muslim und Opfer der Reconquista, ist Repräsentant einer unterdrückten Minderheit, die, um zu überlegen, zu einem Verhalten gezwungen wird, das ihr widerstrebt. Nach der Vertreibung der Mauren muß er sich taufen lassen. Nicht nur die Moschee, auch die Menschen werden von der Religion der Sieger okkupiert und „umfunktioniert". Nach dem ersten Teil des Gedichts erfolgt ein Ortswechsel: Im Schloß zu Alcolea findet ein Ball statt, der von den christlichen Herrschern, den Siegern, veranstaltet wird. Auch Almansor nimmt daran teil:

> In dem Schloß zu Alcolea
> Tanzen zwölf geschmückte Damen,
> Tanzen zwölf geschmückte Ritter,
> Doch am schönsten tanzt Almansor.

Almansor trägt mehr die Züge eines charmanten Dandys des 19. als des 15. Jahrhunderts. Denn er schmeichelt und umgarnt die Damen:

> Er versichert jeder Dame,
> Daß er sie im Herzen trage;
> Und „so wahr ich Christ bin!" schwört er
> Dreißigmal an jenem Abend.

So schlägt er die Christen mit ihren eigenen Waffen: Was ihnen heilig ist, der Schwur bei Christus, ist ihm bedeutungslos. „Umfunktioniert" zum Christen, ist seine Maske so falsch wie die Versprechen, die er abgibt. Seine Versicherung an jede der „Damen", sie „im Herzen zu tragen", ist Täuschung. Christliche Intoleranz und Grausamkeit werden nicht offen genannt, aber verdeckt gerächt. Die aufgezwungene Maskierung gibt ihm die Waffen an die Hand, die erlittene Unterwerfung und Demütigung zurückzuzahlen. Gleichzeitig kann unter der Maskierung, die auch Täuschung ist, das Eigene bewahrt werden. Charme, Frauendienst, Galanterie kennzeichnen das typische Klischee des Ritters. Almansor kann jedoch nicht, wie es einem heldenhaften Ritter entspräche, den Feind offen herausfordern, er kann nicht von Mann zu Mann und von Angesicht zu Angesicht mit ihm kämpfen. Seine Rache ist subtiler: Gerade indem er tut, was die neuen Herren von ihm fordern, täuscht er sie. Er gibt vor, Christ zu sein, indem er den christlichen Schwur leistet. In der Rolle des galanten Ritters kann er die „Damen" belügen. Seine Rache, sein Kampf ist verdeckt, maskiert und chiffriert.

Der dritte Teil des Gedichts beschreibt einen Traum Almansors: Erneut sieht er sich, wie zu Beginn des Gedichtes, im Dom zu Cordoba, doch jetzt hat sich die Situation geändert. Die devoten „Säulen der Religion" brechen unter der Last, die Rache an den Feinden ist so fürchterlich, daß selbst die Götter der verhaßten Christen klagen und stürzen:

All die hohen Riesensäulen
Hört er murmeln unmutgrimmig,
Länger wollen sie's nicht tragen,
Und sie wanken und sie zittern;
Und sie brechen wild zusammen,
Es erbleichen Volk und Priester,
Krachend stürzt herab die Kuppel,
Und die Christengötter wimmern.

Die Lösung ist bloße Wunschphantasie, ein Traum. In der Realität gibt es keine direkte Konfrontation, Rache und Auflehnung, geschweige denn einen Sieg über den Feind. Im Gegenteil: Man muß dem Feind schmeicheln und schöntun. Rache ermöglicht nur die subtile Doppeldeutigkeit der Sprache, die der Feind nicht durchschaut. Die zum Dom umfunktionierte Moschee ist Chiffre für den Umsturz der Kultur, für die Situation der spanischen Juden, die sich „verbergen" müssen, für den Dichter selbst, der seine Sprache präpariert, chiffriert, sich in Doppeldeutigkeiten artikuliert, um sich mit den Gegebenheiten zu arrangieren. Arrangement ist auch die Taufe. Die Konvertierungsproblematik im Spanien der Reconquista wiederholt sich in Heines eigener Zeit, in der nachnapoleonischen Restauration. Die Anpassungsmechanismen sind gleich geblieben. So wird bei Heine die „Fremdheit" des Orients zur Metapher der eigenen Fremdheit – des Juden, des Exilanten, des Oppositionellen.

Gegenüber dem Poesie-Orient als literarischem Topos ist der spanisch-islamische Orient zeitlich und räumlich eingrenzbar. An diesem Orient lagert Heine schwerwiegende, „reale", historische Problematik an. Im Unterschied zu Goethe differenziert Heine zwischen dem Orient der Tagespolitik als einem „realen" Ort[201], dem spanisch-muslimischen Orient und einem vagen, träumerischen Orient der Poesie. Dies bestätigt die eingangs aufgestellte These, daß hinter dem Orient-Konzept Heines die Verwirklichung eines persönlichen Anliegen stehe. Indirekt spricht Heine dabei über seine eigene Situation als Jude, Exilant und politisch Oppositioneller. Das Gedicht „Almansor" chiffriert diesen Inhalt. Chiffrierung ist eigentlich ein Kennzeichen mystisch-islamischer Dichtung. Diese Methode macht sich Heine zu eigen. Sie entspricht ja überhaupt seiner Schreibweise und spiegelt sich in seiner realen Lebenssituation. Das Verbergen und Verschlüsseln, wie es die Ṣūfī-Texte vornehmen, wird zu einem Gestaltungsprinzip der Dichtung Heines.[202] Meiner Ansicht nach hat er sich damit der politischen und sozialkritischen Dimension der mystischen Vorlagen weiter genähert als Goethe. Während dieser das Zusammenfallen von Signifikat und Signifikant, von Sein und Schein, von Sein und Bedeutung, wie es seinem Symbolbegriff entspricht, in der uranfänglichen göttlichen Poesie des Orients wahrzunehmen glaubte, läßt Heine beide Ebenen nebeneinander stehen, ohne die Spannung aufzulösen und die Diskrepanz zu

201 Fendri hat sich ausführlich mit Heines Stellungnahme zur „orientalischen Frage" auf dem Balkan auseinandergesetzt. Vgl. Fendri, a.a.O., S. 244–320.

202 Zur mystischen islamischen Dichtung vgl. v.a. Kapitel vier.

überwinden. Bei ihm kann, genau wie in der mystischen Dichtung, Sprache durchaus etwas sagen und das Gegenteil des Gesagten meinen. In der mystischen Dichtung kann Weingenuß, der doch eigentlich verboten ist, durchaus zum Außer-Sich-Sein aus Liebe zu Gott führen. Genauso kann Almansor das Gegenteil von dem meinen, was er ausspricht und was er zu sein vorgibt.

Diese Diskrepanz von Sein und Schein, deren Thematisierung Heine oft in den Orient verlagert, hat ihre ästhetische Entsprechung in der romantischen Ironie. Innerhalb der Theorie der Ironie wird der Orient zu einem Teil des ästhetischen Programmes. Von der Poesie forderte etwa Friedrich Schlegel, sie solle selbstreferentiell sein und deshalb

> in jeder Darstellung sich selbst mit darstellen, und überall zugleich Poesie und Poesie der Poesie seyn.[203]

Indem der Orient Teil der Ironie wird, ist er das „andere" Element, mit dem die Synthese angestrebt werden kann. Die Unrealisierbarkeit wird aber immer mit dargestellt, und der Orient wird als Traum entlarvt. Der spanische Orient ist der Ort der unvereinbaren Gegensätze, der Verstellungen, der Maskierungen, der Täuschung. Eine andere Spielart der Unvereinbarkeit ist die Dichotomie von Abend- und Morgenland, der die gegensätzlichen Bereiche von Realität und Traum oder Phantasie angehören. Schien bei Goethe die „Flucht" geglückt (fand er doch im Orient die Verkörperung der „reinen Kunst"), so folgt in der Romantik auf Enthusiasmus Enttäuschung, die ihrerseits literarisch gestaltet werden konnte. Schon die Vorläufer Heines waren darüber enttäuscht, daß der vorgefundene Orient mit den Texten über ihn nicht übereinstimmte. Diese Enttäuschung findet ihren Niederschlag in der imaginären Orient-Literatur, und sie fügt sich zum romantischen Topos des „verlorenen Traumes".

Für Goethe war das Ideal das „Ganze". Deshalb zielte er die Aufhebung der Dichotomien, die Synthese von Orient und Okzident an. Diese Ganzheit findet formalästhetisch ihre Entsprechung im Zeichen des Symbols. Ironie hingegen zerbricht jede Synthese, sie lebt aus der Diskrepanz zwischen Sein und Schein, Signifikant und Signifikat. Sie beschreibt die Spannung zwischen „Realem" und „Idealem", zwischen Unendlichem und Endlichem, Traum und Vernunft, und dementsprechend zwischen Orient und Okzident. Das wechselseitige Verhältnis der beiden Elemente ist ein „unauflöslicher Widerstreit".[204] So sagte Friedrich Schlegel:

203 Friedrich Schlegel, KA II, 242.

204 Ingrid Strohschneider-Kohrs: Die romantische Ironie in Theorie und Gestaltung, Tübingen 1960, S. 25.

> Die Bestimmung des Menschen ist es, das Unendliche mit dem Endlichen zu vermählen; die völlige Coincidenz ist aber ewig unerreichbar.[205]

Unerreichbar ist denn auch die Auflösung der Dichotomie von Fremdem und Eigenem. Ironie stellt den – vergeblichen oder zumindest vorläufig gescheiterten – Versuch einer solchen Synthese dar und ist gleichzeitig Verneinung jeglicher Synthese. In der Erkenntnis, daß das „Ganze" immer bloß Idee bleibe, wird das Unvollkommene zur einzig authentischen Darstellungsform. Poetisches Korrelat der Synthese, wie sie höchstens punktuell möglich wird, ist der „Witz". Für einen Augenblick wird weit Auseinanderliegendes aufeinander bezogen. Die Vorstellung von der Möglichkeit einer Einheit führt aber zur Ironie, die das Relative „vernichtet". Der Traum von der Einheit ist ein „verlorener" Traum. In Bezug auf die beiden Größen Orient und Okzident bedeutet dies, daß sie in einem Gedicht zwar aufeinander bezogen werden können. Für Heine bleiben sie aber immer zwei getrennte Einheiten, einander fremd und dennoch verwandt wie Traum und Realität.

Romantische Ironie bewegt sich dialektisch zwischen Selbstschöpfung und Selbstvernichtung. Dieses Konzept ist dynamischer als das statisch-abgerundete Symbol Goethes, das als Einheit das Ganze sinnbildhaft umgreift. Ironie ist bewußt zeichenhaftes, reflektierendes Hinweisen. Deshalb möchte sie den Worten durchaus die Tat folgen lassen. Jede West-Ost-Synthese wird von Heine dekonstruiert, um das zuerst entworfene Bild als Konstrukt zu entlarven. Der Hinweis auf die Produktionsmechanismen von Klischees dient allerdings nicht dazu, wirkliche Kulturbegegnung als unmöglich zu brandmarken. Vielmehr geht es Heine um die Entlarvung literarischer Stereotype, die über den Verfasser mehr als über seinen Gegenstand aussagen. Goethes Symbol-Konzept, wie es im „Divan" zum Ausdruck kommt, zielt auf Kunst um der Kunst willen. Es geht lediglich um eine Art Synthese, ein rundes, abgeschlossenes, in sich ruhendes Ganzes, jedoch nicht um Erneuerung oder Ergänzung, nicht um Taten. Die Dekonstruktion von Klischees dagegen, die Heine vornimmt, ist ein erster Schritt in Richtung Aktion. Die Hinterfragung der angeblichen Synthese, die Entlarvung ihrer Relativität und Vorläufigkeit bewirken Offenheit – hier wird nicht eine Wahrheit proklamiert, sondern das Unvermögen verdeutlicht, Wahrheit überhaupt zu erfassen.

Für Heine ist poetische Sprache nicht mehr „wahre" Sprache, es existiert nur noch die Sehnsucht nach ihr. Der Orient ist nicht mehr Ort der Ursprünglichkeit und der Poesie, sondern lediglich Folie, auf die entsprechende Sehnsüchte projiziert werden können. Das Erkennen seiner Funktion als Projektionsfläche ist jedoch ein erster Schritt, um zwischen Eigenem (den Wünschen) und Fremdem (dem tatsächlich Anderen) zu unterscheiden. Diese Unterscheidung ist die Voraussetzung, sich dem real existenten Orient zuwenden zu können.

205 Friedrich Schlegel: Prosaische Jugendschriften. Band II, Hg. von J. Minor, Wien 1882, S. 91.

4 Repräsentation durch Schematisierung: Themen und Motive

Said geht davon aus, daß ein System intensiver Schematisierung notwendig ist, um einen Diskurs führen zu können. Auch dem Diskurs über den Orient, sei er wissenschaftlicher, sei er literarischer Art, liege ein Set von Verallgemeinerungen zugrunde, das immer wieder aufs neue vorausgesetzt und bestätigt wird. Dabei unterscheidet Said zwischen „manifestem" und „latentem" Orientalismus; die Unterschiede der orientalisierenden Autoren des 19. Jahrhunderts bezeichnet er als „manifest".

Manifeste Unterschiede sind „Unterschiede von Form und persönlichem Stil, selten im grundlegenden Inhalt",[206] also Unterschiede syntaktischer Art. Latent dagegen sind alle Aussagen über den Orient immer lediglich Wiederholungen orientalistischer essentialistischer „Weisheiten" und somit Bestätigungen der gängigen Klischees und Stereotype.

Im folgenden sollen ausgewählte Themen und Motive, die das Orient-Bild Goethes wie Heines kennzeichnen, untersucht und miteinander verglichen werden. Zentrale Themen, die nach Said immer wieder in Zusammenhang mit dem europäischen Phantasie-Orient auftauchen, sind „Despotie", „Glanz", „Grausamkeit" und „Sinnlichkeit".[207] Ob sie auch den Orient Goethes und Heines charakterisieren, ist zu überprüfen.

Said nennt als beliebte wissenschaftliche Vorgehensweise des 18. und 19. Jahrhunderts das Klassifizieren: Natur und Mensch werden bestimmten „Typen" zugeordnet und die untersuchten Objekte zu einer Anzahl beschreibbarer Kategorien reduziert.[208] Was Said als Charakteristikum des Orientalismus beschreibt, liegt jeglicher Form wissenschaftlichen Arbeitens zugrunde. Entscheidend ist jedoch die Verknüpfung des jeweiligen „Typus" mit einem bestimmten Charakter und weiteren unwandelbar feststehenden Eigenschaften. Said erklärt das Bedürfnis nach Kategorisierung des Orientalischen mit dem Bedürfnis nach „Domestizierung des Exotischen".[209] Hier thematisiert er die Ambivalenz von Verführung und Bedrohung in der Wahrnehmung des Orients. Kategorisierung, Klassifizierung und Reduzierung schaffen Überschaubarkeit und erlauben gleichzeitig, sich dem Exotischen aus einem gewissen „Sicherheitsabstand" heraus zu nähern. Um sich leichter Zugang zu verschaffen, hielt jeder Autor des 19. Jahrhunderts „die Andersartigkeit des Orients aufrecht, seine stille Gleichgültigkeit, seine weibliche Durchdringbarkeit, seine träge

206 Said, a.a.O., S. 231.

207 Vgl. Said, a.a.O. S. 11.

208 Said, a.a.O. S. 137.

209 Said, a.a.O., S. 72.

Formbarkeit".[210] Verallgemeinerung und Klassifizierungen nach Typen, Tropen und Figuren als allgemeine Kategorien setzen sich über Ausnahmen hinweg. Ein Orientale ist „zunächst ein Orientale, dann erst ein Mensch, und schließlich wieder Orientale". Das Klischee des Orientalen ist so selbstverständlich, daß seine Eigenschaften nicht näher beschrieben zu werden brauchen: „Orientalisch" ist ein jedermann verständliches Attribut:

> Ein Orientale lebt im Orient, er lebt ein Leben in orientalischer Bequemlichkeit, in einem Zustand orientalischen Despotismus und orientalischer Sinnlichkeit, getränkt mit einem Gefühl orientalischen Fatalismus.[211]

Hier nun muß untersucht werden, ob die stereotypen Orient-Motive auch in den Texten Goethes und Heines eine zentrale Rolle spielen, und ob die Unterschiede zwischen den Autoren tatsächlich nur „manifest" sind, so daß im Grunde Klischees und Stereotype, wie sie im Umlauf waren, nur aufs neue bestärkt und verfestigt wurden. Darüber hinaus soll die Ambivalenz der Stereotype untersucht werden, die in der „Domestizierung des Exotischen" zum Ausdruck kommt. Das Orientalische bedeutet Verführung und Bedrohung gleichzeitig. Die „häufige Assoziation von Orient und Sexualität" ist dafür typisch.[212]

Als „Programmpunkte" für seinen Orientaufenthalt nennt Goethe „Lieben, Trinken, Singen"; um diese Themenkomplexe gruppiert er seine Gedichte. Diese Aufteilung soll für das folgende Kapitel übernommen werden. Den jeweiligen Bereichen wird dabei eine Auswahl entsprechender Motive zugeordnet. Das einzelne Motiv, das Goethe wählt, wird mit einem Beispiel aus der arabischen oder persischen Literatur (zum Beispiel einer Ḥāfiẓ-Übersetzung) verglichen. Schließlich wird es in Beziehung zur Bearbeitung durch Heine gesetzt. Zeichentheoretisch soll das übernommene Motiv und seine Neubearbeitung untersucht werden. Dabei wird das Augenmerk auf die Frage gerichtet, ob beide Dichter Klischees und Stereotype reproduzieren und ihrerseits den Orient erneut „orientalisieren", oder ob sie differenzieren und sich von herkömmlichen Sichtweisen abheben.

Die zugrunde liegende These lautet: Die verschiedenen Themen und Motive treffen sich darin, daß sie unter vielerlei Aspekten „Rauschzustände" beschreiben. Die Flucht in den Orient dient nicht nur der Distanz zur eigenen Kultur, sondern hat auch eine „Grenzerweiterung" oder gar „Entgrenzung" des eigenen Bewußtseins zum Ziel. Der Orient wird zum Ort, an dem sich das eigene Fremde manifestieren kann.

210 Said, a.a.O., S. 231.

211 Said, a.a.O., S. 119.

212 Said, a.a.O., S. 213: „Der Orient scheint nicht nur Fruchtbarkeit, sondern auch sexuelles Versprechen (und Bedrohung), unermüdliche Sinnlichkeit und unbegrenztes Verlangen vorzustellen."

4.1 Mystisch-allegorisch oder anakreontisch-katullisch-sinnlich: Probleme der Lesart

Ḥāfiẓ, in der Übersetzung durch Hammer-Purgstall, war Goethes Hauptquelle, und auch in der Dichtung Heines lassen sich Bezüge zur Dichtung Ḥāfiẓ' nachweisen. Bis heute besteht unter den Ḥāfiẓ-Forschern keine Einigkeit in der Frage, ob der mystisch-allegorischen oder der profan-weltlichen Lesart seiner Texte der Vorzug zu geben sei.[213] Andrea Fuchs-Sumyoshi zählt Grete Schaeder, Fritz Stich und Annemarie Schimmel zu den Interpreten, die für eine mystische Lesart plädieren. Ihre Gegner sind in der Minderzahl: Von denjenigen, die im mystischen Gedankengut lediglich ein Zugeständnis an den Geschmack der Zeit sehen, nennt sie lediglich Hans Robert Roemer.[214] Im 19. Jahrhundert hatte man der „weltlichen" Lesart Ḥāfiẓ' den Vorzug gegeben und ihn geradezu zum „Bannerträger" von Hedonismus und Lebensgenuß stilisiert. Als Beispiel derartiger „Wein-Weib-Gesang"-Lyrik à la Ḥāfiẓ, wie sie im 19. Jahrhundert produziert wurde, seien hier Anfang und Ende eines Porträts des Dichters aus den „Bildern des Orient" von Stieglitz angeführt:[215]

> Schäumen dir Becher/Schlürfe mit Hafis!
> Locken dich Lippen/Küsse mit Hafis!
> Duften dir Rosen/Taumle mit Hafis!
> Tönen dir Lieder/Lausche mit Hafis!
> [...]
> Dunkel des Lebens/Sorgen des Lebens
> Stürme des Lebens/Löst dir Hafis!

Im 19. Jahrhundert stand „Orient" häufig für Sinnlichkeit und Lebensgenuß, kombiniert mit großer Geistlosigkeit. Davon hebt sich Goethes „Lieben, Trinken, Singen" durch Vielschichtigkeit und Differenziertheit der Begriffsebenen ab, auch dann, wenn er den mystischen Aspekt der Dichtung Ḥāfiẓ' vernachlässigte. Vielleicht hat Goethe Ḥāfiẓ zu einseitig gesehen. Doch trifft der Vorwurf der Einseitigkeit auch diejenigen, die für eine ausschließlich mystische Interpretation plädieren. Das Motiv des Weinrausches etwa bedeutet ihnen lediglich eine Allegorie auf den Rauschzustand in der Liebe zu Gott. Dabei übersehen sie die konkreten politisch-gesellschaftlichen Implikationen des Motivs. Trinken von Alkohol war zu Lebzeiten Ḥāfiẓ' Anzeichen von Opposition zur Obrigkeit. Es war üblich, daß sich oppositionelle „Intellektuelle" in alten, verfallenen Gebäuden außerhalb der Städte

213 Vergleiche zu dieser Thematik auch Kapitel eins.

214 Vgl. Fuchs-Sumyoshi, a.a.O., S. 71.

215 Heinrich Stieglitz: Bilder des Orients, Bd. II, Leipzig 1831. Zitiert nach Ammann, a.a.O., S. 129.

trafen, die als geheime Gasthäuser fungierten. Das Trinken von Wein barg die Gefahr, bestraft zu werden, da man sich über das im Koran verankerte Alkoholverbot hinwegsetzte. Die mystische Lesart der Weindichtung übersieht die politische Dimension. Als Dichter konnte man sich mystischer Terminologie lediglich aus dem Grund bedienen, um die Zensur zu unterlaufen. Eine „mittlere" Lesart läßt beide Möglichkeiten gelten: Mystische Dimensionen verweisen allegorisch-zeichenhaft auf Transzendenz. Gleichzeitig findet eine Auseinandersetzung mit politisch-gesellschaftlich relevanten Gegebenheiten der Zeit statt. Eben im kunstvollen Verknüpfen der verschiedenen Elemente und Bedeutungsdimensionen, die häufig mehrere Ebenen umfassen, liegt die Besonderheit der Dichtung Ḥāfiẓ'. Auch wenn es Goethe schnell „zu mystisch" wird, liegt doch auch für ihn der Reiz orientalischer Motive und Dichtung, wenn nicht des Orients schlechthin, im Wechselspiel von „Verbergen" und „Enthüllen". So distanziert er sich zwar von einer mystischen Lesart der Dichtung Ḥāfiẓ', weist aber im Gedicht „Wink" darauf hin, daß ein Wort natürlich niemals „einfach" gilt:

> Und doch haben die recht, die ich schelte:
> Denn daß ein Wort nicht einfach gelte
> Das müßte sich wohl von selbst verstehn.
> Das Wort ist ein Fächer! Zwischen den Stäben
> Blicken ein Paar schöne Augen hervor.
> Der Fächer ist nur ein lieblicher Flor,
> Er verdeckt mir zwar das Gesicht,
> Aber das Mädchen verbirgt er nicht,
> Weil das Schönste, was sie besitzt,
> Das Auge, mir ins Auge blitzt. (GSW I/3,1, 33)

4.2 Lieben

4.2.1 Kerze und Schmetterling

Das Motiv des Schmetterlings, der sich, vom Licht angezogen, in die Flamme stürzt und in ihr verbrennt, ist zu einem Allgemeinplatz der islamisch-mystischen, vor allem der persischen Dichtung, geworden. Die Geschichte von Flamme und Falter wurde zum Beispiel von dem Mystiker al-Ḥallāǧ erzählt: Er berichtet von einem Falter, der, indem er sich in die Flamme stürzt, die „Wirklichkeit der Wirklichkeit" realisiert[216]. Das Motiv von Flamme und Falter wurde zur Allegorie für das

216 Vgl. Schimmel, a.a.O., S. 109.

Geschick der „wahren Liebenden“.[217] Häufig wird bei der Deutung allerdings übersehen, daß al-Ḥallāǧ selbst die politischen Konsequenz seiner Lehre trug: Er wurde als Ketzer angeklagt und zum Tod durch Feuer verurteilt.
Typisch für die mystische Dichtung kann ein Bild, das die Liebe zu Gott beschreibt, auch Allegorie zur Erhöhung menschlicher Liebe sein. In Goethes „Divan“ ist das Motiv mehrfach variiert: Das Gedicht „Ergebung“ zum Beispiel enthält das Bild der Kerze, die sich aus Liebe verzehrt:

> „Du vergehst und bist so freundlich,
> Verzehrst dich und singst so schön?“
>
> Die Liebe behandelt mich feindlich!
> Da will ich gern gestehn,
> Ich singe mit schwerem Herzen.
> Sieh doch einmal die Kerzen,
> Sie leuchten indem sie vergehn. (GSW I/3,1, 40)

Das Bild ist hier zunächst traditionell gebraucht: Das „Vergehen“ der Kerze wird auf Liebesgefühle zurückgeführt, die schmerzlich sein können und dennoch ein „Leuchten“ bewirken. Mit dem „Leuchten“ und gleichzeitigen „Vergehen“ korrespondiert das „Singen mit schwerem Herzen“. Wieder ist ein Zeichen aus mystischem Kontext übernommen, das in einem zweiten Schritt inhaltlich abgewandelt wird. Das „Vergehen“ ist Kennzeichen der Liebe, von Gott ist aber nicht die Rede. Die Betonung liegt auf der Kreativität. Leiden durch die Liebe führt den Dichter nicht zu Gott, es läßt ihn seine Lieder finden.

In „Selige Sehnsucht“[218] wird der Flammentod zum Leitmotiv:

> Sagt es niemand, nur den Weisen,
> Weil die Menge gleich verhöhnet,
> Das Lebendge will ich preisen,
> Das nach Flammentod sich sehnet.

Ob Goethe die Geschichte vom Flammentod des Mystikers al-Ḥallāǧ kannte, ist fraglich. Gewiß aber war ihm eine Bearbeitung des Motivs von Ḥāfiẓ bekannt, das in der Hammer'schen Übersetzung folgendermaßen lautet:

217 Die Behauptung Schaeders, al-Ḥallāǧ sei der erste gewesen, der das Motiv verwendet hat, ist nicht richtig: Bereits altarabische Gedichte thematisieren den Flammentod des Schmetterlings. Jedoch war al-Ḥallāǧ möglicherweise der erste, der dem Motiv mystischen Gehalt verlieh. Vgl. H.H. Schaeder: Die persische Vorlage von Goethes „Seliger Sehnsucht“. In: Ders.: Geistige Gestalten und Probleme, Leipzig 1942.

218 GSW I/3,1, 24/25.

Wie die Kerze brennt die Seele hell an Liebesflammen
Und mit reinem Sinne hab ich meinen Leib geopfert.
Bis du nicht wie Schmetterlinge aus Begier verbrennest
Kannst du nimmer Rettung finden von dem Gram der Liebe.[219]

Goethe folgt der persischen Vorlage, indem er das Motiv übernimmt:

Keine Ferne macht dich schwierig,
Kommst geflogen und gebannt,
Und zuletzt, des Lichts begierig,
Bist du Schmetterling verbrannt.

Und solang du das nicht hast,
Dieses: Stirb und werde!
Bist du nur ein trüber Gast
Auf der dunklen Erde.

Goethe scheint hier den „Liebestod" der muslimischen Sufis, der auf die *unio mystica* hinzielt, nachzuzeichnen. Das „Stirb und werde" erinnert an das Prophetenwort „Sterbt bevor ihr sterbt!", das zu einer Grundlagen sufischer Lebenspraxis wurde.[220] Bei Goethe aber geht es nicht wie in der Vorlage von Ḥāfiẓ um eine Opferung und Abtötung des Leibes zugunsten der Befreiung der Seele. Mehrmals hat Goethe sich von der mystischen Askese distanziert, zumal, wenn sie auf Weltflucht und Selbstzerstörung abzielt. Deshalb wird die dem Gedicht nachgestellte Strophe

Tut ein Schilf sich doch hervor
Welten zu versüßen!
Möge meinem Schreibe-Rohr
Liebliches entfließen!

von den Interpreten dahingehend gedeutet, daß das „Stirb und werde" eine Erneuerung der „poetischen Potenz" intendiere. Hoffnung auf Erneuerung und Verjüngung der Poesie stellt ja ein wichtiges Motiv für Goethes Orient-Reise dar.[221]

Das ursprünglich die Liebesleidenschaft der Seele zu Gott kennzeichnende Bild des Falters, der sich in die Flammen stürzt, um darin zu verbrennen, wird in beiden Beispielen aus den Bindungen an Transzendenz gelöst. Das Zeichen für den Zyklus von Vergehen und Werden verweist nicht auf ein Sterben für Gott oder in Gott hinein, sondern auf eine Art geistige *tabula rasa*, ein „Opfern" lebloser Schemata, auf daß Kreativität und Entstehen von Neuem möglich werden.

219 Siehe Hammer-Purgstall: Der Divan des Hafis, a.a.O., Bd. II, S. 90.

220 Vgl. Schimmel, a.a.O., S. 110.

221 Vgl. „Hegire": „Unter Lieben, Trinken, Singen/Soll dich Chisers Quell verjüngen".

Auch Heine hat das Motiv des Flammentodes aufgegriffen; er hat es variiert und die Zeichen, die bereits von Goethe aus ihrem ursprünglich transzendenten Kontext herausgelöst wurden, noch stärker „verweltlicht“. Im Gedicht „Die Lehre“[222] warnt die Mutter das „Bienelein“ vor dem „Kerzenschein“, doch es will nicht hören:

Junges Blut, tolles Blut,
Treibt in die Flammenglut,
Treibt in die Flamm hinein, –
„Bienelein! Bienelein!“

Auch hier steht das Bild des Flammentodes für Leidenschaft und Hingabe. Die „Menge“, die bei Goethe „verhöhnt“ (und damit ein Verhältnis von Exo- und Esoterik, von innen und außen anzeigt), nimmt allerdings die recht profane Gestalt der warnenden Mutter an. Wie bei Goethe wird der Rat der Außenstehenden in den Wind geschlagen. Die Auflösung der Allegorie bringt (wie bei Goethe) die letzte Strophe:

„s flackert nun lichterrot,
Flamme gab Flammentod; –
Hüt dich vor Mägdelein,
Söhnelein! Söhnelein!

Heines Thematisierung des Liebestodes zeigt keinerlei Nähe mehr zur *unio mystica* mit Gott. Auch geht es nicht um ein „Stirb und werde“ als Bedingung von Kreativität. Vielmehr wird das Bild in eine „Struwwelpeter“-artige Abschreckungslegende mit pädagogisch-didaktischer Funktion einbezogen.[223] Die „Moral von der Geschicht“, die die Mutter hier transportiert, lautet: Wer nicht hören will, muß fühlen. Das im ursprünglichen Motiv angelegte tragische Geschehen wird auf Drohgebärden von Eltern reduziert. Heine fügt das orientalische Motiv in eine Phantasie, eine Schreckensvision, ein, die zum Ziel hat, Verhalten durch Antizipation der möglichen Folgen zu bestimmen.

In dem Gedicht „Die Libelle“[224] wird der Sturz in die Flamme zur Chiffre für etwas Neues. Die ersten Strophen beschreiben die Liebessehnsucht von Käfern nach einer Libelle, einer „schimmernde(n), flimmernde(n) Gauklerin“. Als diese ihren „Freiern“ aufträgt, Feuer zu besorgen, stürzen sich die Käfer dienstbeflissen in die Flammen:

Knisternd verzehrten die Flammen der Kerzen
Die Käfer und ihre liebenden Herzen;

222 HSW I/1, 432–33.

223 Etwa im Tenor “Messer, Gabel, Scher und Licht...“, oder „Paulinchen war allein zu Haus“.

224 HSW III/1, 205–207.

Die einen büßten das Leben ein,
Die andern nur die Flügelein.

Was zunächst als naturlyrische Idylle erscheint, nimmt eine überraschende Wende. Der Sturz in die Flammen endet nicht im Flammentod, sondern bringt lediglich „verbrannte Flügel" ein. Die nächsten drei Strophen erläutern das Widerfahrnis: Der Käfer muß fortan als „gebranntes Kind" im „Exil" leben:

Die schlechte Gesellschaft, hört man ihn klagen,
Ist im Exil die schlimmste der Plagen.
Wir müssen verkehren mit einer Schar
Von Ungeziefer, von Wanzen sogar.
Die uns behandeln als Kameraden,
Weil wir im selben Schmutze waten –
Drob klagte schon der Schüler Virgils,
Der Dichter der Hölle und des Exils.

Die orientalisierenden Zeichen auch dieses Gedichts sind zeichenhaft-allegorisch. Allerdings geht es nicht um einen Verweis auf Göttliches, der in anderer Form unsagbar wäre. Vielmehr chiffrieren und verschlüsseln die orientalisierenden Anklänge politische Aussagen: Bei politischer Betätigung geschieht es leicht, daß man sich „die Finger verbrennt". Versuche, die „schimmernd" und „flimmernd" „vorgaukelnden" Ideen in die Tat umzusetzen, scheitern schnell. Es kann einem passieren, daß man für sie ins Exil geschickt wird.

Jetzt sind meine armen Flügel verbrannt;
Ich kann nicht zurück ins Vaterland,
Ich bin ein Wurm, ich verrecke
Und ich verfaule im fremden Drecke.

Der Sturz in die Flamme erweist sich als Fehlschlag. Die Anschauung der „wirklichen Wirklichkeit" (beim Mystiker al-Ḥallāğ), die Erneuerung der poetischen Potenz (bei Goethe) bleibt hier im vergeblichen Versuch politischer „Restauration" stecken. Hier kann kein Prozeß von Werden und Vergehen thematisiert werden, sondern lediglich ein Scheitern, das Wunden hinterläßt. Heine scheint hier eine völlige Verfremdung des ursprünglichen Bedeutungsgehalts des Bildpaars Flamme/Schmetterling vorgenommen zu haben. Doch führt er, indem er „täuscht" und anders verfährt, als vom Leser erwartet, genau das vor, was Ḥāfiẓ und andere mystische Dichter praktizierten: Sie mußten oft „im Verborgenen" – verschlüsselt, verdeckt, chiffriert – schreiben, um die Zensur der Dogmatiker zu unterlaufen. So korrespondieren im vorliegenden Gedicht Inhalt (das politische Exil) und Form (die verdeckt-verschlüsselte Schreibweise) miteinander. Hier sei an die Geschichte von al-Ḥallāğ erinnert, der den Flammentod (nicht im übertragenen Sinne, sondern am eigenen Leibe) erleiden mußte. Was wie verfremdet erscheint, stellt sich unter diesem Aspekt als wirklichkeitsnahe Bearbeitung der Zeichen heraus. Während die meisten Interpreten die politische Funktion der mystischen Chiffrierungen ignorieren, hebt Heine gerade diesen Aspekt hervor.

4.2.2 Rose und Nachtigall

Das Bildpaar von Rose und Nachtigall ist nicht nur in der arabischen und persischen, sondern auch in der deutschen orientalisierenden Dichtung ein Allgemeinplatz. Heine gebraucht es so häufig, daß die „orientalische" Herkunft oft nicht mehr zu erkennen ist. Wie bei dem Paar Flamme/Käfer oder Schmetterling handelt es sich um ein Bildpaar, das sowohl profan als auch mystisch gedeutet werden kann. Annemarie Schimmel weist darauf hin, daß die „persische Lyrik [...] niemals ihren besonderen Reiz gewonnen [hätte], wenn die Ṣūfī-Theorien nicht den Hintergrund bildeten, auf dem sie entstanden ist", so daß sich der Leser der Spannung zwischen „weltlicher und religiöser Interpretation" stets bewußt sein muß.[225] Nach der Überlieferung soll der Prophet Muḥammad erklärt haben, die rote Rose sei Manifestation von Gottes Glorie. Die Nachtigall, Allegorie der sehnsüchtigen Seele, sei für alle Zeiten verpflichtet, die Herrlichkeit Gottes zu lieben.[226] Das Bild des Seelenvogels und des geliebten göttlichen Objekts wird in unzähligen arabischen, persischen und türkischen mystischen Gedichten variiert. Zum Allgemeinplatz wird auch das Bild der im Käfig gefangenen Nachtigall –, Bezeichnung des dualistischen Verhältnisses von Leib und Seele.

Goethe hat das Paar Rose und Nachtigall vorwiegend als schmückend-orientalisierendes Element innerhalb der Liebespassagen eingesetzt:

> Ists möglich daß ich Liebchen dich kose!
> Vernehme der göttlichen Stimme Schall!
> Unmöglich scheint immer die Rose,
> Unbegreiflich die Nachtigall. (GSW I/3,1, 76)

Wie so häufig bei Goethe wird die das Motiv profanisiert: Nicht mehr die transzendente Beziehung zu Gott, sondern die Beziehung zwischen den Geliebten ist gemeint. Doch dient die Anrufung von Nachtigall und Rose hier als eine Art „Vergeistigung" des „Leiblichen", wie sie Goethe gern gestaltet: Im „Kosen" glaubt „Hatem", die „göttliche Stimme" zu vernehmen.

Eine typische Umkehrung des ursprünglich mystischen Gehalts nimmt Goethe im Gedicht „Bulbuls Nachtlied" vor:

225 Schimmel, a.a.O., S. 409.
226 Schimmel, a.a.O., S. 423.

Bulbuls Nachtlied, durch die Schauer,
Drang zu Allahs lichtem Throne,
Und dem Wohlgesang zu Lohne
Sperrt' er sie in goldnen Bauer.
Dieser sind des Menschen Glieder.
Zwar sie fühlet sich beschränket;
Doch wenn sie es recht bedenket,
Singt das Seelchen immer wieder. (GSW I/3,1, 116)

Ganz dem mystischen Vorbild nachempfunden, ist die Nachtigall im Käfig Symbol für die im Leib gefangene Seele. Doch bedeutet die Gefangenschaft der Seele für Goethe nicht, daß der Leib zerstört werden müßte. Es geht nicht um Flucht aus der Welt, um zum göttlichen Geliebten fliegen zu können. Goethe läßt, trotz all ihrer „Beschränkung", die Nachtigall sich im Käfig wohl fühlen. Das irdische, an Materie und Körper gebundene Leben ist für die Seele durchaus erträglich, wenn nicht sogar angenehm.

Heines Lyrik variiert das Motiv von Rose und Nachtigall vielfach. Auf die Interpretation der Mehrzahl der Gedichte, die das Bildpaar lediglich als Ornament oder schmückendes Beiwerk enthalten, kann verzichtet werden.[227] Von Interesse sind jedoch die Gedichte, die das Chiffrenpaar umwandeln und den stereotypen Bildern ein neues, originelles Gepräge verleihen.

Auf das Gedicht „Entartung"[228] war bereits im ersten Teil verwiesen worden. Hier wird der „Wahrheitsgehalt" der poetischen Zeichen hinterfragt:

Ich zweifle auch, ob sie empfindet,
Die Nachtigall, das, was sie singt;
Sie übertreibt und schluchzt und trillert
Nur aus Routine, wie mich dünkt.

Emotionales Pathos als Routine – hier werden Fundamente der Romantik erschüttert. Die Auffassung, daß dichterische Bilder Träger einer tieferen Wahrheit seien, ist Grundlage der naturmystischen Metaphern- und Symboltheorie.[229] Bei Heine

227 In „Und wüßtens die Blumen, die Kleinen" (HSW I/1, 153–55) sind Rose und Nachtigall Zeugen des Liebesleids des lyrischen Ich, in „Aus meinen Tränen sprießen" (HSW I/1, 135) werden die Seufzer mit einem „Nachtigallenchor" verglichen, in „Der Phönix" (HSW I/1, 419–21) wird die Sonne zur „Rose des Himmels". Auf die Umwandlung der göttlichen oder geliebten „Rose", die „hafisbesungene Nachtigallbraut" in eine „Blume des Weines" im Gedicht „Im Hafen" (HSW I/1, 423–425) wurde bereits hingewiesen. Immer wieder verweisen Nachtigall und Rose auf die Liebessehnsucht des lyrischen Ich (häufig eine endlose, unerfüllte Sehnsucht), oder sie dienen zur Beschreibung eines Liebesreigens: „Der Schmetterling ist in die Rose verliebt" (HSW II, 14).

228 HSW II, 115–16.

229 Vgl. Sorensen, a.a.O., S. 138.

hingegen vermittelt das Trillern des „Seelenvogels“ nicht Wahrheit, sondern Täuschung und Lüge.

Im Bild der „Alte(n) Rose“ ist vom „göttlichen Geliebten“ oder der Chiffre für eine stolze, unnahbare Geliebte nur noch ein Rest geblieben. Heine thematisiert den „Verfall“ einer einst schönen Frau. Er stellt dar, was geschieht, wenn die Rosenknospe sich erst einmal geöffnet hat:

Ward die schönste Ros im Land,
Und ich wollt die Rose brechen,
Doch sie wußte mich pikant
Mit den Dornen fortzustechen.

Jetzt, wo sie verwelkt, zerfetzt
Und verklatscht von Wind und Regen –
Liebster Heinrich bin ich jetzt,
Liebend kommt sie mir entgegen. (HSW III/1, 104)

In ihrer Unnahbarkeit gleicht diese Rose dem göttlichen Geliebten der persischen Dichtung – nur liegt die Unerreichbarkeit nicht in ihrer Transzendenz, sondern in Hochmut und Launenhaftigkeit einer schönen Frau begründet. Die Ironie entspringt dem Wechsel der Positionen: Plötzlich sind Subjekt und Objekt, Liebender und Geliebte, vertauscht. Die anfangs Abweisende wird, als sie „verwelkt“ ist, ihrerseits zurückgewiesen und verschmäht. Ihre einstmaligen Waffen, die „Stacheln“, sind inzwischen an anderem Ort lokalisiert: „Sticht mich etwa jetzt ein Dorn,/Ist es an dem Kinn der Schönen.“ Das traditionelle Zeichen impliziert den Schmerz über die Unmöglichkeit der Vereinigung. Bei Heine versöhnt die spätere Perspektive mit dem anfänglichen Mißerfolg.

Die Verwendung der Bildpaare Rose und Nachtigall sowie Schmetterling und Kerze zeigt, daß Goethe und Heine nicht – wie Said unterstellt – lediglich reproduzieren. Indem sie traditionelle Motive aufgreifen, führen sie gleichzeitig semiotische Wendungen durch und gelangen so zu ganz neuen Aussagen.

4.2.3 Liebeswahnsinn/Liebestod

Das Motiv des Liebestodes entstammt der altarabischen Tradition und wurde früh durch die persische mystische Dichtung rezipiert. Auch hier sind sowohl profane wie mystische Lesart möglich. Goethe wie Heine ließen sich vom Motiv des Liebestodes inspirieren.

Dieses Motiv wird meist zurückgeführt auf den Beduinenstamm der ‘Uḏra (Heine: „Asra“). Die „‘uḏritische“ Liebesdichtung ist innerhalb der arabischen Poesie eine eigenständige literarische Gattung, charakterisiert durch den Topos des Liebestodes. Heine spricht von dem „Stamme der Asra, welche sterben, wenn sie lieben".[230] Die Handlung verläuft stets etwa folgendermaßen: Ein sich liebendes Paar kann aufgrund äußerer Gegebenheiten (Stammesfehden, Verwandtschaftsschranken, usw.) nicht zusammenfinden. Die Liebessehnsucht steigert sich zum Wahn. Schließlich führt sie zum Tod der beiden Liebenden. Der Tod aber bedeutet nicht das Ende der Liebe, sondern Erfüllung: Die Liebenden dürfen auf Vereinigung im Jenseits hoffen. Die „'uḏritische Liebe" bedeutet Verzicht auf Realisierung: Wahre Liebe ist im Diesseits unerfüllte Liebe.[231]

In Goethes „Divan" finden sich verschiedene Anklänge an die 'uḏritische Liebe. So werden im Gedicht „Musterbilder"[232] sechs Liebespaare des 'uḏritischen Typus genannt. Zu ihnen gehören (Vers 9 und 10) „Medschnun und Leila".[233] Ihre Beziehung bildet den Inhalt der berühmtesten Liebesgeschichte der arabischen Überlieferung. Ihre auf Entsagung gegründete Leidenschaft, die zum Wahnsinn und schließlich in den Tod führt, wird bis heute von vielen Dichtern und Literaten immer wieder aufs neue gestaltet. Der Grundplot umfaßt etwa folgenden Inhalt: Die Liebenden sind der junge Qais ibn al-Mulawwah und seine Cousine Lailā, die im ersten Jahrhundert nach der Hiğra (siebtes Jahrhundert n. Chr.) gelebt haben sollen. Von frühester Kindheit an verspüren sie Zuneigung zueinander, die sich im Laufe der Jahre zu einer heftigen Leidenschaft steigert. Qais beginnt, Gedichte auf Lailā zu verfassen und zu singen. Die Tatsache, daß seine Lieder plötzlich in aller Munde sind und seine Leidenschaft für Lailā bekannt wird, verletzt den Moralkodex der Familie des Mädchens. Als zukünftiger Ehemann kommt Qais nun nicht mehr in Frage. Künftig darf er sich nicht einmal mehr dem Zelt der Geliebten nähern. Als Lailā mit einem anderen Bewerber verheiratet wird, steigert sich Qais' Leidenschaft zum Wahnsinn. Er erhält den Beinamen „Mağnūn", der „Verrückte". Dichtend und singend irrt er in geistiger Umnachtung durch Wüsten und Einöden, bis ihn der Tod von der Liebesqual erlöst. Da erliegt auch Lailā ihrer Liebessehnsucht.[234] Lailā und Mağnūn leben als „Musterbilder" (Goethe) arabischer, persischer und auch europäischer Literatur fort. Goethe und Heine lernten den Stoff aus einer Bearbeitung A.Th. Hartmanns kennen. Sie trägt den Titel „Medschnun und Leila. Ein persischer Liebesroman von Dschami. Aus dem Französischen übersetzt, mit einer Einleitung, Anmerkungen und drei Beilagen versehen von Anton Theodor Hartmann, Amsterdam 1808".[235] Aufgrund dieses Textes war beiden deutschen

230 Zu diesem Gedicht vgl. weiter unten.

231 Vgl. Ewald Wagner: Grundzüge der klassischen arabischen Dichtung, Bd. II, Darmstadt 1988, S. 70.

232 GSW I/3,1, 36.

233 Vgl. Fußnote 25: Goethes Schreibweise „Medschnun" und „Leila" wird übernommen, wenn von den Figuren seiner Dichtung die Rede ist. Ansonsten wähle ich die Umschrift „Lailā" und „Mağnūn".

234 Der Einfluß auf die abendländische Liebessemantik mit Paaren wie Tristan und Isolde, Romeo und Julia usw., und die „romantische Liebe" ist noch nicht ausreichend untersucht.

235 Vgl. Fendri, a.a.O., S. 100.

Dichtern bekannt, daß der altarabische Stoff in die persisch-mystische Dichtung übernommen und mystisch bearbeitet worden war.[236] Die Sehnsucht nach der Geliebten, die Entdeckung der Geliebten in allen Erscheinungen der Natur, das Sich-Verzehren, die Zerstörung der physischen wie psychischen Existenz durch körperlichen Zerfall und geistige Umnachtung, schließlich die freudige Hingabe in den Tod als Ort der Erfüllung dessen, was das Diesseits versagt – alle diese Elemente der Geschichte fordern eine allegorisch-mystische Lesart heraus. Gemäß prophetischer Überlieferung wird auch Muḥammad die Aussage zugeschrieben: „Wer in Keuschheit geliebt hat und daran starb, der starb als Märtyrer."[237] Wer sich selbst in Hingabe an die (göttliche) Liebe opfert, wird zum Opfer für Gott. Annemarie Schimmel zitiert mystische Verse, die die gleiche Grundstruktur aufweisen:

> Der Geliebte, er ist alles; Schleier nur der Liebende;
> Der Geliebte, er ist lebend; und der Liebende ist tot.[238]

Zu denjenigen, die den Stoff mystisch tradierten, gehört der persische Dichter Maulanā Nūru d-Dīn ‘abdu r-Raḥmān Ǧāmī (1414–1492), bei Goethe und auch sonst häufig „Dschami" geschrieben. Die Version von Ǧāmī ist es, die Goethe wie Heine in deutscher Übersetzung zugänglich war. Übernommen wurden das Motiv der Liebessehnsucht, die zum Selbstopfer führt, wie auch das Motiv des Dichters, der wahnsinnig und „außer sich" ist. Kennzeichnend ist, daß Goethe den mystischen Aspekt des „Liebestodes", die Verlagerung der Liebeserfüllung ins Jenseits, nicht mitvollzieht. Eine platonische, geistige Liebe sagten ihm nicht zu. Dennoch sind durch den ganzen „Divan" hindurch Anklänge an die „Lailā-Maǧnūn"-Konstellation nicht zu verkennen. Selbst Goethes derzeitige eigene „Liebesbeziehung" ähnelt dem literarischen Motiv: Die Beziehung von „Hatem" und „Suleika" ist auf Verzicht gegründet und realisiert sich im „Einander-Besingen". Nicht Liebesvereinigung, sondern schmerzliches Getrenntsein ist erstes Thema der Liebesdichtung des „Divan".[239]

An dieser Stelle sind einige biographische Hinweise erforderlich. Hinter „Suleika" verbirgt sich, wie schon angedeutet, Marianne von Willemer, die Goethe 1814 auf der ersten Rhein-Main-Reise kennenlernte.[240] Die Liebesbeziehung, die sich zwischen ihnen entspann, war auf „Entsagung" gegründet, da beide zum

236 Als erster hatte Nizami (1141–1209) den Stoff um einen sufistischen Zug bereichert und ihn in die neupersische Literatur übernommen. Eine deutsche Übersetzung ist z.B.: Nizami Gagawi, Ilyas Ibn-Yusuf: Leila und Madschnun: Der berühmteste Liebesroman des Morgenlandes. Erstmals aus dem Persischen verdeutscht und mit einem Nachwort versehen von Rudolf Gelpke, Zürich 1988 (5. Aufl.).

237 Vgl. Fendri, a.a.O., S. 143/44.

238 Schimmel, a.a.O., S. 424.

239 Vgl. vor allem die Gedichte im „Buch Suleika".

240 Vgl. Mommsen, a.a.O., S. 248.

damaligen Zeitpunkt verheiratet waren. Goethe war nicht nur mit Marianne, sondern auch mit ihrem Ehemann befreundet. Kennzeichnend für die Beziehung wurde „Liebesdistanz.“[241] Die Situation machte es erforderlich, die Beziehung zu transponieren und zu verlagern: Der Orient als Ort „erotischer Erfahrung“[242] bot sich dafür an. Weitere „Verfremdung“ bewirkte der Wechsel von Namen und Identität.[243] Im Kontext des Orients konnte nun die Fiktion einer leidenschaftlichen Liebesbeziehung entstehen, die in den Liebesgedichten des „Divan“ ihren Ausdruck fand. Im Jahr 1816 traten grundlegende Veränderungen ein. Goethes Frau starb, und Mariannes Mann, Johann Jakob Willemer, erklärte sich bereit, seine Frau für die Beziehung mit Goethe „frei zu geben“. Plötzlich tat sich die Möglichkeit auf, die platonische Liebesbeziehung real werden zu lassen. Jetzt aber zeigte es sich, daß Goethe eine derartige Veränderung gar nicht anstrebte. Als er sich im Sommer 1816 recht widerwillig zu einem Wiedersehen mit den Willemers aufmachte, nahm er einen Achsenbruch seiner Kutsche als ominöses Zeichen und Warnung des Schicksals und brach die Reise, kaum daß die begonnen hatte, wieder ab. Marianne sah er nie wieder, obwohl sie ihn noch jahrelang in ihren Briefen darum bat.
Nach der Interpretation von Katharina Mommsen stellt Goethes Verhalten einen Akt „stiller Einfalt und edler Größe“ dar. Sie stilisiert es zum hehren Verzicht und erklärt, Goethe habe nicht „zerstörend in eine Ehe“[244] eingreifen wollen. Diese Deutung ist natürlich fragwürdig, ebenso wie die Aussage, der Dichter habe „Einbuße an persönlichem Lebensglück [...] als Preis für ein Höheres“[245] bezahlt. Wäre der platonischen Beziehung eine reale gefolgt, so hätten – nach Mommsen – „Wort und Tat, die sonst bei ihm (Goethe) übereinzustimmen pflegen, [...] einander nicht mehr entsprochen“.[246] Heine sah dies anders. Er warf Goethe vor, daß er auf seine Worte keine Taten folgen lasse. (Heine dachte dabei vor allem an politische Taten.) Für Goethe zählte das Wort. „Erfüllung“ fand er in der „Re-Signation“[247] der „Divan“-Gedichte. Analog zum 'uḏritischen Liebestod-Motiv gestaltete er die Liebesbeziehung platonisch. Der Liebestod wurde zum Tod der Liebe, als es um deren Realisierung ging.

Die strukturellen Bedingungen des 'udritischen Liebesmotivs spielen auch in Goethes Gestaltung des Ost-West-Verhältnisses hinein: Ost-West-Beziehung und Liebesbeziehung ähneln einander. Beidemale handelt es sich um platonische, sterile Verhältnisse, die sich in geistigem Austausch erschöpfen und nicht auf wirkliche Begegnung hin angelegt sind. In beiden Beziehungen gibt es einen aktiven und einen passiven Part, in beiden Fällen berücksichtigt der aktive Part die Interessen des anderen nur marginal oder überhaupt nicht. Die Passivität des Gegenübers ist

241 Muschg, a.a.O., S. 79.
242 Said, a.a.O., S. 216.
243 GSW I/3,1, 74.
244 Mommsen, a.a.O., S. 248.
245 Mommsen, a.a.O., S. 249.
246 Mommsen, a.a.O., S. 249.
247 Vgl. Muschg, a.a.O., S. 81.

Bedingung für die Möglichkeit des Funktionierens der Beziehung. Der aktive Part selektiert, setzt Grenzen, bestimmt über Nähe und Distanz. Wie über die Abwesenheit der Geliebten, so drückt Goethe auch über die Ferne des Orients sein Bedauern aus; in Wirklichkeit jedoch scheint gerade die Distanz – die physische Abwesenheit der Geliebten wie die geographische Ferne des Orients – das dichterische Schaffen zu inspirieren. Abwesenheit wirkt stimulierend und anregend, auf keinen Fall darf sie überwunden werden. Eine direkte Kontaktaufnahme wäre weder zur Geliebten noch zum Orient wünschenswert, weil dann „die Passion irdische Gewichte ansetzen" könnte.[248]

Auf der textuellen Ebene jedoch lehnt Goethe den asketischen, auf irdischen Verzicht gerichteten Aspekt des Lailā- und-Mağnūn-Stoffes ab. So sagt „Suleika" in „Hochbeglückt in deiner Liebe" zu „Hatem":

> Der Liebende wird nicht irre gehn,
> Wärs um ihn her auch noch so trübe.
> Sollten Leila und Medschnun auferstehn,
> Von mir erführen sie den Weg der Liebe. (GSW I/3,1, 76)

Hier vergleicht „Suleika" ihre und „Hatems" Liebesbeziehung mit derjenigen des Protopaares Lailā und Mağnūn. Gleich ist ihnen das Ausmaß an Leidenschaft, die Heftigkeit der Gefühle für den anderen. Jedoch überragen „Hatem" und „Suleika" Lailā und Mağnūn in ihrer Fähigkeit, die Liebe zu realisieren: An der Beziehung braucht der Liebende nicht „irre" zu werden, verfügen sie doch über die Kenntnis des gangbaren „Weges". Doch die Realisierung der Beziehung bleibt auf den textuellen Bereich des „Divan" beschränkt. Real orientiert sich Goethe an Mağnūn, der erst zum Dichter wird, als er auf Lailā verzichten muß. Die Realisierung der Liebe würde dem Dichter die Daseinsgrundlage rauben, für kühne Phantasieentwürfe gäbe es keinen Anlaß mehr. Nur Distanz kann „befruchtend" und bereichernd wirken.

Den zweiten Bereich des Themenkomplexes, das Motiv des dichterischen Wahnsinns, wie es Mağnūn verkörpert, hat Goethe unabhängig von der Liebesbeziehung gestaltet. In dem Gedicht „Anklage" wird Mağnūns Name zwar nicht genannt, doch ist indirekt von ihm die Rede, wenn über den „Poeten" gesagt wird:

> Weiß denn der mit wem er geht und wandelt,
> Er, der immer nur im Wahnsinn handelt?
> Grenzenlos, von eigensinngem Lieben,
> Wird er in die Öde fortgetrieben,
> Seiner Klagen Reim', in Sand geschrieben,
> Sind vom Winde gleich verjagt;
> Er versteht nicht was er sagt,
> Was er sagt wird er nicht halten.

248 Muschg, a.a.O., S. 85.

Doch sein Lied man läßt es immer walten,
Da es doch dem Koran widerspricht.
Lehret nun, ihr des Gesetzes Kenner,
Weisheit-fromme, hochgelehrte Männer,
Treuer Mosleminen Pflicht. (GSW I/3,1, 29)

Hier ist das Verhältnis zwischen Dichter und dem Vertreter religiöser Gesetzgebung thematisiert. Es geht um die Frage, ob Dichter „Ketzer" sind oder Menschen, die mehr wissen als andere und von Gott in besonderer Weise gesegnet sind. Ihr größeres Wissen wird von der Masse der Menschen und von den rigiden Dogmatikern als „Verrücktheit" abgetan. Annemarie Schimmel verweist auf

> unzählige persische Dichter, die gern den Molla und den Liebenden, die Kanzel und den Galgen einander gegenüberstellten und behaupteten, daß wahre Liebe der größte Feind des Verstandes ist, ja, daß der Liebende Majnun vergleichbar sei – jenem von Liebe Besessenen, den die Kinder verlachten.[249]

Die Verbindung von Liebe mit dem Verlust intellektueller Fähigkeit ist ein typischer Aspekt mystischer Erfahrung.[250] Mağnun ist hier nicht nur Prototyp des Liebenden, sondern auch Protoyp des Poeten. Die Verknüpfung von dichterischer Kreativität mit Wahnsinn ist alt und bereits in der Antike ein Topos (*furor poeticus*[251]). In der persischen Stoffvorlage wie auch in der antiken Überlieferung war der poetische Liebeswahnsinn ein durchaus positiver Zustand besonderer Auszeichnung, der den Betroffenen für tiefere Erfahrungen öffnete. Diese Auszeichnung rechtfertigt sogar Gesetzesübertretungen: Derjenige, der auf den ersten Blick nach eigenen Gesetzen zu handeln scheint, ist in Wirklichkeit von Gott inspiriert.

Doch sollte auch hier neben der mystischen Lesart, die im „Wahnsinn" (Besessenheit) die Nähe zu Gott sieht, auch die profane Deutung berücksichtigt werden. Der *furor poeticus* kann auch bloß Mittel sein, um Konflikte mit der Obrigkeit und mit literarischer Zensur zu entgehen. Denn das Lied des „Verrückten" darf sogar vor den Koranvertretern „gelten". Von der Menge aber wird das „Mehr-Wissen" der Dichter oft nicht anerkannt:

Medschnun heißt – ich will nicht sagen
Daß es grad' ein Toller heiße;
Doch ihr müßt mich nicht verklagen
Daß ich mich als Medschnun preise.

249 Schimmel, a.a.O., S. 40.

250 Vgl. Schimmel, a.a.O., S. 613.

251 Vgl. Mommsen, a.a.O., S. 530: Mommsen verweist auf Platons Phaidros: Gottgesandter Wahn ergreife den Dichter und beflügele ihn zu Werken, die mit „vernünftlerischen" Dichtungen nichts mehr gemein haben.

Wenn die Brust, die redlich volle,
Sich entladet euch zu retten,
Ruft ihr nicht: das ist der Tolle!
Holet Stricke, schaffet Ketten!

Und wenn ihr zuletzt in Fesseln
Seht die Klügeren verschmachten,
Sengt es euch wie Feuernesseln
Das vergebens zu betrachten. (GSW I/3,1, 57)

Mağnūn ist der „Klügere", er weiß mehr als die anderen. Goethes Mağnūn ist der Prototyp des Poeten. Er entspricht dem „Reisenden". Jeder Dichter ist „Grenzgänger", der an beiden Welten Anteil hat, an der „realen" wie derjenigen der Imagination. Er wird zum Außenseiter und gerät in Konflikt mit denen, die eine eindimensional profane Sicht der Dinge teilen. Bei Goethe ist es nicht eine Welt des „Wahnsinns", zu der hin er die Grenze überschreitet. Vielmehr „reist" er in ein Reich der Phantasie. Vom persischen Vorbild unterscheidet sich Goethes Dichter-Mağnūn darin, daß er nicht in der anderen Welt bleibt – schließlich war der ursprüngliche Mağnūn für immer dem Wahnsinn verfallen. Goethes „Flucht" in den Orient ist auch eine Flucht in die Welt eines Mağnūns. Der Orient wird zum Reich der Phantasie, das nur Eingeweihten zugänglich ist.[252] Doch bewegt sich Goethes Dichter- Mağnūn „zwischen den Welten", wie der „Handelsmann" möchte er sein „Mehr-Wissen" anderen Menschen mitteilen. Bei Goethe wie auch bei Heine ist der Orient mit Dimensionen der menschlichen Psyche ausgestattet, die in den Bereich des Traums oder des Irrationalen hineinreichen. Das Bild des Dichter-Mağnūns bringt Vorstellungen innerpsychischer „Grenzerweiterung" zum Ausdruck.

Auch Heine kannte die Übersetzung des Lailā- und Mağnūn-Stoffes durch Hartmann. Die Liebestodthematik und die Gattung der ʻuḏritischen Liebe war Heine darüber hinaus durch europäische orientalisierende Literatur bekannt: Nicht nur durch Goethes „Divan", auch durch Stendhals 1822 erschienenes „De l'amour"[253] wußte Heine von dem Stamme der ʻUḏra und ihrer merkwürdigen Art zu lieben.[254] Die Anekdote von Stendhal ist neben Goethes „Divan" die zweite Quelle zu Heines Gedicht „Der Asra":

252 Hier sei wieder an Foucaults Verknüpfung des „Orient" mit dem „Wahnsinn" als „Anderes der abendländischen Vernunft" erinnert.

253 Stendhal: Über die Liebe, Vollständige Ausgabe. Aus dem Französischen und mit einer Einführung von Walter Hoyer, Frankfurt am Main 1987.

254 Die Anekdote, auf die Heine sich bezieht, stammt aus dem 56. Kapitel, S. 83, und trägt den Titel „Divan der Liebe von Ebn Abi Hadglat". Sie lautet: „Sahid, Agbas Sohn, fragte eines Tages einen Araber: Von welchem Stamme bist du? - Ich bin vom Stamme derer, welche sterben, wenn sie lieben. - So bist du vom Stamme der Asra, sagte Said. - Ja, beim Herrn der Kaaba, entgegnete der Araber. - Wie kommt es, daß ihr so liebt? fragte Said nun. - Unsere Frauen sind schön und unsere jungen Männer keusch, entgegnete der Araber."

Täglich ging die wunderschöne
Sultanstochter auf und nieder
Um die Abendzeit am Springbrunn
Wo die weißen Wasser plätschern;

Täglich stand der junge Sklave
Um die Abendzeit am Springbrunn,
Wo die weißen Wasser plätschern.
Täglich ward er bleich und bleicher.

Eines abends trat die Fürstin
Auf ihn zu mit raschen Worten:
Deinen Namen will ich wissen,
Deine Heimat, deine Sippschaft!

Und der Sklave sprach: ich heiße
Mohammet, ich bin aus Yemmen,
Und mein Stamm sind jene Asra,
Welche sterben, wenn sie lieben. (HSW III/1, 41/42)

Die Geschichte ist aufs äußerste reduziert. An das Liebespaar Lailā und Maǧnūn erinnern keine Namen, keine Ereignisse mehr; nur noch die Pointe ihrer Geschichte, die Liebe, die zum Tod führt, ist thematisiert. Das Gedicht nimmt in der orientalisierenden Lyrik Heines eine Sonderstellung ein: Da Ironie und Witz bereits im Thema enthalten sind (Liebe ist hier nicht etwa lebenserhaltend und befruchtend, sondern tödlich), kann der Dichter auf weitere Parodisierungen verzichten. Auch werden orientalisierende Momente nicht – wie sonst beinahe durchgängig – mit westlichen Motiven kontrastiert. Eine weitere Besonderheit besteht darin, daß auf exotisches Lokalkolorit durch das Aufzählen orientalisierender Gegenstände verzichtet wird. Knappheit und Strenge lassen es so wenig exotisch erscheinen, daß viele Interpreten übersehen, daß hier das arabische Motiv der ʿuḏritischen Liebe zugrundeliegt, ja sogar direkt genannt wird. Genau jenes Gedicht Heines, das am wenigsten „orientalisch“ erscheint, führt paradoxerweise das altarabische Motiv am unmittelbarsten aus. Der Brunnen als Treffpunkt der Liebenden taucht in den arabischen Vorlagen häufig auf. Der Liebende weist die phänotypischen Erscheinungen eines aus Liebe dem Tode verfallenen ʿUḏriten auf. Physischer und psychischer Verfall werden häufig als Begleiterscheinung ihrer destruktiven Liebesleidenschaft genannt. Ewald Wagner zitiert Verse des ʿuḏritischen Dichters Ǧamīl, der die Folgen der Liebe beschreibt:

> Du bist diejenige, die (von mir) nur so ein ausgezehrtes Bißchen übrig ließ,
> daß jeder, sei er nun Freund oder Feind, wenn er es sieht, nicht umhin kann,
> ein Trauergedicht auf mich zu verfassen.[255]

Genauso steht es auch um Heines „Mohammet": Er wird „bleich und bleicher". Die Aussichtslosigkeit der Vereinigung mit der Geliebten liegt in der gesellschaftlichen Stellung eines „Sklaven" gegenüber der „Königstochter" begründet. In altarabischen Vorlagen werden oft Standesunterschiede zum Hindernis für eine Heirat. Als die Fürstin auf den Sklaven zutritt und ihn nach seiner Identität, nach seiner Stammeszugehörigkeit fragt, da weist er sich aus als zu den „Asra" gehörend, „welche sterben wenn sie lieben". Die Vorstellung, daß deren Charakteristikum in ihrer Art zu lieben liege, könnte Heine von Goethe übernommen haben, der in dem Gedicht „Noch ein Paar" von einem „Asra" folgendes sagt:

> Man wird, so gut wie vom Propheten
> Von *Wamik* und von *Asra* reden.–
> Nicht reden wird man, wird sie nennen:
> Die Namen müssen alle kennen.
> Was sie getan, was sie geübt
> Das weiß kein Mensch! Daß sie geliebt
> Das wissen wir. Genug gesagt,
> Wenn man nach Wamik und Asra fragt. (GSW I/3,1, 330)

Goethe hebt als ihre Besonderheit nicht irgendwelche Taten, sondern ihre Praxis des Liebens hervor. Sie sind Liebende und handeln als solche; deshalb genügt es, sie zu „nennen", anstatt über sie zu reden. Ihr Name steht als „Musterbild" für Liebende überhaupt. Soweit entspricht der „Asra" bei Heine der Goethe'schen Vorlage. Doch thematisiert Heine im Unterschied zu Goethe auch den Liebestod. Da „Mohammet" zum Stamme „Asra" gehört, ist mit der Liebe schon von Geburt an der Tod verknüpft. Name und Stammeszugehörigkeit signalisieren sein Schicksal. Mehr als Goethe hat sich Heine für Darstellungen vergeblicher Liebe und Liebesenttäuschung begeistert. Im Motiv der 'uḏritischen Liebe fand er dafür ein passendes Modell vorgeprägt.

4.2.4 Die Geliebte als Despotin

Im „Asra" zeigt sich ein Aspekt der Liebesbeziehung, der den „orientalischen Sex"[256] Heines charakterisiert. Heine zeichnet das Bild der Geliebten als Despotin und des Liebenden als „Sklaven", der bis in den Tod ihrer grausamen Allmacht bedingungslos ausgeliefert ist. Nach mystischer Lesart steht die Ergebung in den

255 Wagner, a.a.O., Bd II, S. 76.
256 Vgl. Said, a.a.O., S. 261.

Willen der Geliebten für die Ergebung in den Willen Gottes. Heine hat im „Asra" eine solch mystisch-transzendente Lesart gewiß nicht intendiert.

Viele altarabische Quellen jedoch gestalten das Motiv der bedingungslosen Ergebenheit in den Willen einer tyrannischen Geliebten. So sagt der bereits genannte Ǧamīl[257] zu seiner Geliebten Buṯaina:

> Oh Buṯaina, was immer du willst, tue! Ich gehe sogar in meinen Tod,
> solange du (mich dazu) drängst![258]

Auch der – ebenfalls ʻuḏritische – Dichter Kuṯayyir thematisiert die Ergebenheit in den Willen der Geliebten:

> Tu mir weh oder behandle mich gut! Du bleibst für mich untadelhaft und nicht hassenswert, wenn du auch Haß fühlst [...].
> Auch wenn sie (mich) zurückweist, so preise ich sie doch und sage die Wahrheit über sie bezüglich dessen, was sie mir (einst) gewährte.[259]

Schon Hammer-Purgstall hat auf den Vergleich des Despoten mit der Geliebten in der persischen Dichtung hingewiesen: Mit der Selbsterniedrigung vor dem Herrscher gehe die Beteuerung eigener Wertlosigkeit gegenüber der grausamen Geliebten einher.[260] Goethe hat im „Divan" die Liebesbeziehung zwischen „Hatem" und „Suleika" an einigen Stellen ambivalent gezeichnet, dabei jedoch niemals den Rahmen einer bloßen Koketterie mit der „dunklen Seite der Liebe" verlassen. Die Ambivalenz der Beziehung drückt sich in einigen von Ḥāfiẓ übernommenen Motiven aus. So ist in der Dichtung Ḥāfiẓ' zum Beispiel die Haarlocke der Geliebten Gegenstand der Anbetung und gleichzeitig „Waffe" der Frau:

> In deinem Locken-Netz hat sich mein Herz verstricket.
> Durchbohr's mit einem Blick, es hat es wohl verdienet.[261]

In Goethes Gedicht „Gewarnt"[262] werden ebenfalls Locken zu „Schlingen", in die der Mann sich verfängt; sie werden gewissermaßen zu „Fallstricken" der Liebe. Der Mann, der „schwere Ketten fürchtet" und in kriegerischer Auseinandersetzung achtsam und gewandt ist, „rennt in leichte Schlingen"; in der Liebesbeziehung wird er zum Gefangenen. Nicht nur Locken, auch Wimpern versinnbildlichen Verführung und Bedrohung durch weibliche Reize:

257 Vgl. GSW I/3, 36. Zu den „Musterbildern" bei Goethe zählen auch „Dschemil und Boteinah".

258 Übersetzt bei Wagner, a.a.O., Bd. II, S. 76.

259 Übersetzt bei Wagner, ebd., S. 76.

260 Vgl. Fuchs-Sumyoshi, a.a.O., S. 82.

261 Hammer-Purgstall: Der Divan des Hafis, a.a.O., Bd. I, S. 138.

262 GSW I/3,1, 37.

Wimpern-Pfeile, Locken-Schlangen,
Hals und Busen reizumhangen,
Tausendfältige Gefahr! (GSW I/3,1, 79)

Auch die platonisch geliebte „Suleika" wird andeutungsweise mit Charakteristika „orientalischer Sexualität" ausgestattet. Vorstellungen einer despotisch-grausam-sinnlichen Orientalin scheinen den europäischen Geschmack der Zeit getroffen zu haben. Nach Said suchte man im Orient eine

> sexuelle Erfahrung [...], die in Europa nicht erhältlich war. Fast kein europäischer Schriftsteller, der über den Orient schrieb oder ihn nach 1800 bereiste, nahm sich von dieser Suche aus.[...] Wonach sie oft suchten [...] war eine andere Art der Sexualität, vielleicht freier oder weniger schuldbeladen. Aber selbst diese Suche, wenn sie durch ausreichend viele Leute wiederholt worden wäre, konnte so reguliert und uniform werden (und wurde es) wie die Bildung selbst. Mit der Zeit war „orientalischer Sex" eine solch standardisierte Bequemlichkeit wie jede andere, die in der Massenkultur erhältlich war, mit dem Ergebnis, daß er für Leser und Schriftsteller zu haben war, wann immer sie ihn wünschten: ohne notwendigerweise in den Orient reisen zu müssen.[263]

Auch für Goethe und Heine bilden „Orient" und „Erotik" eine Einheit. Ihre Visionen der „Orient-Erotik" gleichen einander: So unterschiedlich die Konzepte im einzelnen sein mögen – platonisch-geistig oder sinnlich-wollüstig – sie treffen sich im Motiv des Liebestods.

Schon im „Asra" ist Heines orientalische Geliebte Despotin. Ihre grausam-tyrannischen Eigenschaften treten an anderer Stelle noch deutlicher hervor. Im Kommentar zum „Divan" in der „Romantischen Schule" hatte Heine die „gesunde Körperwelt" des Orients lobend herausgehoben und in Kontrast zum „mageren Spiritualismus" des Abendlandes gesetzt. War im „Asra" von dieser „Körperwelt" nicht allzuviel zu bemerken, so erscheint die Orientalin in Atta Troll[264] äußerst grausam-sinnlich. In Caput XIX reitet zwischen der Göttin Diana und der Fee Abunde Herodias, die orientalische *femme fatale* schlechthin. Sie war es, die den Kopf Johannes' des Täufers forderte. Der Held kommentiert ihre Erscheinung folgendermaßen:

Und das dritte Frauenbild,
Das dein Herz so tief bewegte,
War es eine Teufelinne,
Wie die andern zwo Gestalten?

263 Said, a.a.O., S. 216.
264 HSW IV, 7–87.

Ob's ein Teufel oder Engel,
Weiß ich nicht. Genau bei Weibern
Weiß man niemals, wo der Engel
Aufhört und der Teufel anfängt.

Auf dem glutenkranken Antlitz
Lag des Morgenlandes Zauber,
Auch die Kleider mahnten kostbar
An Scheherazadens Märchen.
[...]
Wirklich eine Fürstin war sie,
War Judäas Königin,
Des Herodes schönes Weib,
Die des Täufers Haupt begehrt hat.
[...]
In den Händen trägt sie immer
Jene Schüssel mit dem Haupte
Des Johannes, und sie küßt es;
Ja, sie küßt das Haupt mit Inbrunst. (HSW IV, 58–59)

Der teuflische Engel ist Orientalin und männermordender Vamp. „Orientalischer Sex" unterscheidet sich von anderen exotistischen Spielarten der Sexualität. Er läßt weniger an paradiesähnliche Zustände, Ursprünglichkeit und Natürlichkeit ohne Schamgefühle denken und weist statt dessen stets Aspekte des Grausamen, Gewalthaften und Destruktiven auf. Er folgt komplizierten Regeln von Ver- und Entschleierung, von Zeichen und Signalen, Lug und Trug, Täuschung, Verführung und Verrat. „Orientalischer Sex" endet charakteristischerweise im Liebestod. Der Held des Gedichtes kann die Erinnerung an die Geliebte nicht mehr aus dem Gedächtnis tilgen, tiefe Verwirrung treibt ihn um:

Es ergriff mich wilde Sehnsucht
Wie nach Traum und Tod und Wahnsinn,
Und nach jenen Reiterinnen,
Die ich sah im Geisterheerzug. (HSW IV, 61)

Die Parodie auf die schöne Grausame ist nicht zu übersehen, zumal wenn sich der Held als „Ritter" anbietet:

Liebe mich und sei mein Liebchen,
Schönes Weib Herodias!

Liebe mich und sei mein Liebchen!
Schleudre fort den blut'gen Dummkopf
Samt der Schüssel und genieße
Schmackhaft bessere Gerichte. (HSW IV, 61)

Der Held muß einsehen, daß sein Liebesbegehren vergeblich ist, die Angebetete ist eine Gestalt der Mythologie. Wieder reichen die orientalischen Bilder – hier der grausam-sinnlichen Frau – in den Bereich von Phantasie, Vision und Traum hinein. Mario Praz weist darauf hin, daß das „exotische und erotische Ideal [...] Hand in Hand" gehen. In der Regel stelle der Exotismus nur eine phantastische Projektion sexueller Wünsche dar.[265] Je unvereinbarer mit der eigenen Moral, um so weiter weg muß die sexuelle Phantasie verlagert werden. Die Beschreibung der Herodias weist in diesem Sinne ausgesprochen exotistische Züge auf.

Erhellend ist der Vergleich zwischen „Exotiker" und „Mystiker", den Praz vornimmt. Deren Haltungen weisen strukturelle Ähnlichkeit auf: Der Mystiker projiziert sich in eine transzendente Welt, um sich mit Gott zu vereinen. Der Exotiker begibt sich in seiner Phantasie in zeitliche und räumliche Fernen, um dort Befriedigung für seine Sinne zu finden.[266] Zwar distanziert sich vor allem Goethe explizit von jeglicher Mystik, und auch Heines Dichtung zielt nicht auf Transzendenz, doch verlagern beide Dichter ihre erotischen Wünsche in eine fremde Welt. Beide weisen Züge des Exotikers auch in dem Sinne auf, daß ihnen nicht nur an sinnlichen, sondern immer auch an „mystischen" Erfahrungen im weitesten Sinne gelegen ist. So korrelieren bei Heine im vorliegenden Gedicht mit der Orient-Erotik „Traum und Tod und Wahnsinn" als „andere", irreale Welten. Exotikern wie Mystikern geht es um ein „Außer-sich-Sein" im Rausch, dessen Ursachen und Ziele denkbar unterschiedlich sein können.

Mehrfach taucht in der Dichtung Heines die alttestamentlich-mythologische Mischfigur Herodias selbst oder aber eine Frau auf, die ihr gleicht. In dem Gedicht „Pomare"[267] heißt es von ihr:

Sie tanzt. Derselbe Tanz ist das,
Den einst Herodias
Getanzt vor dem Judenkönig Herodes.
Ihr Auge sprüht wie Blitze des Todes.

Sie tanzt mich rasend – ich werde toll –
Sprich, Weib, was ich dir schenken soll?
Du lächelst? Heda! Trabanten! Läufer!
Man schlage ab das Haupt dem Täufer!

„Orientalischer Sex" zieht den Tod nach sich –, sei es beim Muster-Paar der romantischen Liebe Lailā und Maǧnūn, sei es im Bild von Herodias als Synthese von Grausamkeit und Wollust. „Orientalischer Sex" findet auch in Heines Leben seinen Ausdruck. An seinen Freund Moser schreibt er am 9.1.1824:

265 Mario Praz: Liebe, Tod und Teufel. Die schwarze Romantik, München 1963, S. 138.

266 Praz, a.a.O., S. 140.

267 HSW III/1, 29–32.

> Ich bin gottlob von einem ärgerlichen Ausschlag jetzt kurirt. Ich hatte mir denselben durch die Boyisensche Übersetzung des Corans zugezogen. An diesen Mohamet habe ich glauben müssen. Meine Bestialität findet ihres Gleichen nicht.[268]

Hier spielt Heine auf die „babylonische Krankheit“, die Syphilis, an. Die Kehrseite der im Orient lokalisierten Erotik, der Sinnenfreude und des Genusses, ist die Geschlechtskrankheit. Muḥammad wird hier zum Propheten des Lasters, des Zerfalls, der Sünde und Ausschweifung. „Babylon“ bedeutet für Heine

> Ort des Exils, der alttestamentarischen Gefangenschaft der Juden [...], Ort der Sprachverwirrung des revolutionären Diskurses [...], für die deutschtümelnden Kritiker Heines in erster Linie Ort des Lasters.[269]

„Babylon“ ist außerdem „orientalische Hure“ und Überträgerin der Syphilis. Orientalische Erotik wird in Heines Leben aufs radikalste „säkularisiert“. Antonym zur platonisch-mystischen Liebe steht die Geschlechtskrankheit, die Heine mehrere Jahre ans Bett fesselt und ihn einmal mehr zum Außenseiter der Gesellschaft stempelt. An der „babylonischen Krankheit“, die er sich natürlich nicht in Babylon, sondern in Paris zugezogen hat, wird er sterben.

Goethe hatte von Liebesfreuden im Orient zwar geträumt, den „Liebestod“ in Gestalt des Todes der Liebe den Belastungen durch Beziehungsansprüche aber vorgezogen. Heine hingegen hat die „Körperwelt“ des Orients hervorgehoben und dabei Vorstellungen eines grausam-sinnlichen Sex in den Orient verlagert. Real erlebt er selbst den Liebestod in seiner erbärmlichsten Form.

4.3 Singen

„Singen“ bedeutet praktische Anwendung von Poesie, sowohl das „gesprochene Wort“ (Hegire) ist damit gemeint wie auch jede „Melodie“. So enthält Goethes „Divan“ ein eigenes „Buch des Sängers“. Die Forschung nimmt an, daß Ḥāfiẓ seine Texte selbst vertont und gesungen hat.[270]

Ḥāfiẓ und auch Goethe gebrauchen viele „musikalische“ Ausdrücke. In Kapitel drei wurde Goethes Orient-Poetik und -Ästhetik bereits dargelegt. Deshalb kann an dieser Stelle eine thematische Beschränkung auf den Aspekt der „Materialität“ der Sprache erfolgen, wie sie im „Divan“ unter vielfältigen Aspekten zum Ausdruck kommt.

268 HSA 20, 134.

269 Pfeifer, a.a.O., S. 99.

270 Vgl. Wolfgang Lentz: Goethes Noten und Abhandlungen zum West-östlichen Divan, Hamburg 1958, S. 35.

4.3.1 Talismane/Chiffren/Blumensprache

Auch wenn Goethe auf Übersetzungen angewiesen war, um mit den Inhalten der arabisch-persischen Poesie vertraut zu werden, so schenkte er doch Form und Gestalt, in der die Inhalte präsentiert wurden, seine ganze Aufmerksamkeit:

> Nicht ganz fremd mit den Eigenthümlichkeiten des Ostens wandt' ich mich zur Sprache, in so fern es unerläßlich war jene Luft zu athmen, sogar zur Schrift mit ihren Eigenarten und Verzierungen.[271]

Mit der Affinität zur Sprache scheint Goethes besonderes Interesse gerade am Orient zusammenzuhängen. Das Arabische als die Sprache des Koran hatte für ihn eine besondere Bedeutung. Nach islamischem Glauben wurde der Koran – anders als die Bibel – nicht erst nach einer Zeit mündlicher Überlieferung schriftlich fixiert, vielmehr soll er – wie bereits erwähnt – direkt und unmittelbar von Gott herstammen. So gelten nicht nur sein Inhalt, sondern auch Form, Syntax, Schriftbild usw. als göttlich inspiriert und heilig. Das kam Goethes Symbolbegriff nahe. In der arabischen Sprache fallen Sein und Bedeuten in besonderer Weise zusammen. Die Sprache ist nicht nur Träger von Information, sie ist nicht lediglich Mittel zum Zweck, sondern an sich von Bedeutung. Diese Tatsache muß Goethe fasziniert haben. So betont er die Wichtigkeit der Signifikanten durch die verschiedenen Erwähnungen der „Schrift" im „Divan". Durch das im Koran verankerte Bilderverbot gewann die arabische Schrift ihre ornamentale Funktion. Den Arabesken, die Moscheen und Teppiche schmücken, liegen Schriftzeichen oder Koranverse zugrunde. Goethe wußte um diesen Gebrauch der Schrift, der in erster Linie ornamental und erst in zweiter Linie informativ ist.

Nach Birus führte die Insistenz Goethes auf die „materiellen" und „konventionellen" Bedingungen von „Geist" und „Wort"[272] dazu, daß der Dichter noch als siebzigjähriger versuchte, Arabisch zu lernen und kalligraphische Studien zu betreiben. Wie wichtig ihm das war, hat Goethe selbst beschrieben:

> Um des Divans willen setzte ich meine Studien orientalischer Eigenschaften immer fort, und wendete viel Zeit darauf; da aber die Handschrift im Orient von so großer Bedeutung ist, so wird man es kaum seltsam finden, daß ich mich, ohne sonderliches Sprachstudium, doch dem Schönschreiben mit Eifer widmete, und zu Scherz und Ernst orientalische mir vorliegende Manuscripte so nett als möglich ja mit mancherlei herkömmlichen Zierrathen nachzubilden suchte. Dem aufmerksamen Leser wird die Einwirkung dieser geistig technischen Bemühungen bei näherer Betrachtung der Gedichte nicht entgehen.[273]

271 Tag- und Jahreshefte 1815, GSW I/17, 260.

272 Birus, a.a.O. S. 118.

273 Tag- und Jahres-Hefte 1817, GSW I/17, 283.

Mehrfach thematisiert Goethe konkrete literarische Praktiken. Dazu gehören zum Beispiel „Charaden, Logogryphen, Blumensprache",[274] die Verwendung von Koranzitaten als Anspielungen usw. In dem Gedicht „Segenspfänder"[275] beschreibt Goethe in fünf Strophen fünf verschiedene Materialisierungen von Schriftzeichen. Er nennt den „Talisman", „Amulette", die „Inschrift", „Abraxas" sowie den „Siegelring" als Signifikanten, die im Alltag zur Verfügung stehen und für den Informationsaustausch dienen können.

Das „Buch der Sprüche" leitet er mit den folgenden Versen ein:

> Talismane werd' ich in dem Buch zerstreuen,
> Das bewirkt ein Gleichgewicht.
> Wer mit gläubiger Nadel sticht
> Überall soll gutes Wort ihn freuen. (GSW I/3,1, 62)

Die Beschreibung der Technik des *fal*, des Nadel-Stechens im Koran, nimmt Goethe in den „Noten" im Kapitel „Buch-Orakel" zum Anlaß, um auf vergleichbare Traditionen in verschiedenen Kulturen und auch auf das pietistische „Bibelstechen" hinzuweisen.[276] Er nennt die

> überall herkömmliche Orakelfrage an irgendein Buch, zwischen dessen Blätter man eine Nadel versenkt und die dadurch bezeichnete Stelle beim Aufschlagen gläubig betrachtet. (GSW I/3,1, 208)

Diese Praxis ist nicht nur mit Bibel und Koran, sondern auch mit dem „Divan" des Ḥāfiẓ gebräuchlich, und auch Goethe wünscht sich, man möge seinen „Divan" auf dieselbe Art zu Rate ziehen: „Der westliche Dichter spielt ebenfalls auf diese Gewohnheit an und wünscht, daß seinem Büchlein gleiche Ehre widerfahren möge."[277] In der Praxis des Nadelstechens wird aus „Zufälligem" verbindliches „Allgemeinstes", das häufig gebraucht wird, um das „Intimste" auszudrücken, zum Beispiel chiffrierte Botschaften unter Liebenden: Goethes Hinweis auf diese Praxis versteht Muschg als „Wink" und Aufforderung für den Leser, sich „eines fremden Mediums zur Bewahrung und Verwahrung des Eigensten zu bedienen".[278]

Auch die beiden folgenden Kapitel „Blumen- und Zeichenwechsel"[279] und „Chiffer"[280] beschäftigen sich mit Sprache, die von der diskursiv-informativen

274 Vgl. Birus, a.a.O., S. 118.

275 GSW I/3,1, 15.

276 Mit derlei pietistischen Frömmigkeitspraktiken war Goethe in seiner Jugend in Berührung gekommen. In den 'Losungen' der Herrnhuter Brüdergemeinde hat sich die fromme Technik bis heute erhalten.

277 GSW I/3,1, 193, Kapitel „Buch-Orakel". Damit würde sein „Divan" zum „heiligen Buch".

278 Muschg, a.a.O., S. 98.

279 GSW I/3,1, 209–212.

Funktion der Alltagssprache abweicht. Sowohl „Blumensprache" als auch „Chiffern" (hier: aus verschiedenen Texten willkürlich herausgenommene und neu aneinandergereihte Sätze) beinhalten für Goethe

> die Haupteigenschaften orientalischer Poesie [...]: den weitumgreifenden Blick über alle Welt-Gegenstände, die Leichtigkeit zu reimen, sodann aber eine gewisse Lust und Richtung der Nation, Rätsel aufzugeben, wodurch sich zugleich die Fähigkeit ausbildet, Rätsel aufzulösen, welches denjenigen deutlich sein wird, deren Talent sich dahin neigt, Charaden, Logogryphen und dergleichen zu behandeln. (GSW I/3,1, 209)

Das „Rätsel-Aufgeben" und „Rätsel-Lösen", das Zeigen und gleichzeitige Verbergen hat Goethe auch in dem bereits zitierten Gedicht „Wink"[281] thematisiert.

So ermöglichen Blumensprache und Chiffrierung, da sie zur Dechiffrierung auffordern, sowohl „Verbergen" als auch „Zeigen". Dabei trifft Goethe wieder die Unterscheidung zwischen Symbol und Allegorie: Der Allegorie entspricht der „Abraxas", den Goethe ablehnt. Dagegen setzt er den positiv konnotierten „Talisman". Die Aufwertung des „Talisman" gegenüber „Abraxas" wird im Gedicht „Süßes Kind, die Perlenkette"[282] am Beispiel des Christus am Kreuz erläutert: Der Dichter zeigt sich erbost, weil „Suleika" an ihrer Perlenkette ein Kreuz trägt:

> Und nun kommst du, hast ein Zeichen
> Dran gehängt, das, unter allen
> Den Abraxas seinesgleichen,
> Mir am schlechtsten will gefallen.
>
> Diese ganz moderne Narrheit
> Magst du mir nach Schiras bringen!
> Soll ich wohl, in seiner Starrheit,
> Hölzchen quer auf Hölzchen singen?

Die Verehrung eines „Jammerbildes am Holze" lehnt der Dichter als Aberglaube ab. Er begründet dies damit, daß „Mohamet" durch den „Begriff des Einen" die Lehre der Dreieinigkeit widerlegt und damit die „Welt bezwungen" habe. Doch da es sich bei der Abergläubischen um „Suleika" handelt, lenkt der Dichter am Ende ein:

> Laß die Renegatenbürde
> Mich in diesem Kuß verschmerzen:
> Denn ein Vitzliputzli würde
> Talisman an *deinem* Herzen.

280 GSW I/3,1, 212–214.

281 GSW I/3,1, 35.

282 GSW I/3, 1, 508–510, Gedichte aus dem Nachlaß.

Gerade in der Betonung des spezifisch „materiellen" Aspektes der arabischen Sprache und ihrer Poesie, die Form, Struktur und Syntax große Bedeutung beimißt, hat Goethe Charakteristika erkannt, die seinen Zeitgenossen häufig verborgen blieben. Damit weicht er vom gängigen Orient-Klischee ab. Über das Arabische sagt er: „In keiner Sprache ist vielleicht Geist, Wort und Schrift so uranfänglich zusammengekörpert."[283] Mehr als um die Körperlichkeit der Erotik geht es ihm im „Divan" um Körperlichkeit der Sprache. „Singen" ist für ihn nicht wie für viele Zeitgenossen bloße Hintergrundstimulation für exotistische Liebes- und Weingelage.[284] Vielmehr realisiert „Singen" die praxisorientierte, spielerische Seite der Sprache. Damit erkennt Goethe eine Eigentümlichkeit von Sprache, die später sprachtheoretisch ausgearbeitet werden wird. Novalis kann in seinem „Monolog" sagen, „das rechte Gespräch [sei] ein bloßes Wortspiel".[285] Dabei werden Gedanken wichtig, die Goethe im Bild des „Fächers" zum Ausdruck bringt: Sprache ist nicht nur zur „Einkleidung" der Dinge da, sie dient auch der Enthüllung verborgener Beziehungen, in denen die Dinge zueinander stehen. Sprache bekommt deshalb eine eigene Wertigkeit und Autonomie, die sich gerade dann zeigt, wenn sie nicht erklärt, verweist, bedeutet, sondern sich „bloß um sich selbst bekümmert",[286] wie es u.a. der ornamentalen Funktion der arabischen Schriftzeichen oder dem willkürlichen „Bibelstechen" zugesprochen wird. Im Erkennen dieser Eigenheit der Sprache ist Goethe Vorreiter für moderne Sprachkonzeptionen, er erweitert die Grenze dessen, was zu seiner Zeit gemeinhin unter Sprache verstanden wurde.

4.4 Trinken

Bereits zu Anfang dieser These war darauf hingewiesen worden, daß das Thema „Trinken" und „Wein" zum Komplex der mystisch zu deutenden Motive gehört. Gleichzeitig bedeutete das Trinken von Alkohol – etwa im Persien zur Zeit Ḥāfiẓ' – Zugehörigkeit zur politischen und religiösen Opposition; dem Trinken kam also gesellschaftliche und politische Relevanz zu. Weintrinker setzten sich, wie bereits angemerkt, der Gefahr aus, als Übertreter des im Koran verankerten Wein-Verbotes bestraft zu werden. Deshalb haben Muslime den in der Lyrik thematisierten Weinrausch als Allegorie auf den Rauschzustand in der Kontemplation Gottes gedeutet und legalisiert. Daneben bestand auch die Möglichkeit profaner Deutung: Der Wein konnte mit dem Speichel der Geliebten verglichen werden –, das *tertium comparationis* ist die berauschende Wirkung beider Flüssigkeiten.[287]

283 Brief an C.H. Schlosser, 23. 1.1815, GSW II/7, 398.

284 Vgl. das Ḥāfiẓ-Portrait von Stieglitz.

285 Novalis: Schriften. Band II. Hg. von Paul Kluckhohn und Richard Samuel, Darmstadt 1965, S. 430.

286 Novalis, ebd., S. 430.

287 Vgl. Wagner, a.a.O., Bd. II, S. 35.

4.4.1 Schenke

Der Schenke im „Divan“ stellt ein Gegenstück zu „Suleika“ dar, auch er ist Objekt von Zuneigung und Liebe. Ihm ist ein eigenes Buch, das „Saki nameh“, gewidmet. Wie in altarabischen und persischen Vorbildern ist auch bei Goethe der Schenke ein schöner Jüngling. Da Goethe sich, wie sein Quellenautor Hammer-Purgstall, für eine weltliche Lesart entschied, deutete er die vom „grünbärtigen Jüngling“ ausgehende Anziehung nicht mystisch, sondern „katullisch“.[288] In den „Noten und Abhandlungen“ erklärt er seiner Leserschaft: Die „Wechselneigung des früheren und späteren Alters deutet eigentlich auf ein echt pädagogisches Verhältnis“.[289] Es scheint, als versuche er hier im nachhinein, aufgebrachte Kritiker zu beschwichtigen, denn im Verhältnis von „Hatem“ zum „Saki“ ist wenig vom Verhältnis des „Enkels zum Großvater, des spätgebornen Erben zum überraschten zärtlichen Vater“ zu spüren.[290] Wenn der Schenke zur Rivalin „Suleika“ sagt:

> Du, mit deinen braunen Locken,
> Geh mir weg, verschmitzte Dirne!
> Schenk ich meinem Herrn zu Danke,
> Nun so küßt er mir die Stirne. (GSW I/3,1, 107),

so klingt hier ein homoerotischer Ton an; genauso ist es, wenn der „Saki“ mit „Hatem“ spricht:

> Nennen dich den großen Dichter
> Wenn dich auf dem Markte zeigest;
> Gerne hör ich wenn du singest,
> Und ich horche wenn du schweigest.
>
> Doch ich liebe dich noch lieber
> Wenn du küssest zum Erinnern,
> Denn die Worte gehn vorüber,
> Und der Kuß der bleibt im Innern. (GSW I/3,1, 110)

Die Liebe des „Saki“ ist Liebe des Augenblicks. Die Liebe zu „Suleika“ dagegen manifestiert sich in der – geistigen – Erinnerung des Wortes. Dabei handelt es sich erneut um eine „Selbst-Bespiegelung“ des Dichters im Gegenüber, denn meist tritt der „Saki“ als verehrender Bewunderer auf.

288 Hammer-Purgstall, Divan, a.a.O., Bd. I., S. 5.
289 GSW I/3,1, 224, Kapitel „Künftiger Divan“.
290 Goethe, ebd. S. 224.

4.4.2 Trunkenheit

Goethes Weindichtung ist zwar nicht mystisch-allegorisch zu verstehen, sie hat ausgesprochen hedonistische Züge. Doch gilt auch hier die Regel der Polysemie. „Betrunkenheit" ist immer „Trunkenheit" im weiteren Sinne, die, wie in der mystischen Dichtung, nicht nur vom Alkoholrausch stammt. „Trunkenheit" steht für Enthusiasmus und Begeisterung:

> Trunken müssen wir alle sein!
> Jugend ist Trunkenheit ohne Wein.
> Trinkt sich das Alter wieder zu Jugend,
> So ist es wundervolle Tugend.
> Für Sorgen sorgt das liebe Leben,
> Und Sorgenbrecher sind die Reben. (GSW I/3,1, 105)

Was wie ein Kalenderspruch anmutet, hat tatsächlich altarabische Vorbilder. So zitiert Wagner[291] den Vers des Abbasidendichters Abū Nuwās: „(Die Tochter der Reben) wurde als Siegerin über die Sorgen erschaffen[...]"
Auch in der Dichtung des Ḥāfiẓ ist das Motiv des Weintrinkens durchaus hedonistisch zu verstehen. Es geht ihm nicht nur um einen Rauschzustand, der aus dem Hier und Jetzt in eine transzendente Welt aufsteigen läßt, sondern um wirklichen Lebensgenuß. Trinken kann Distanzierung besonders von den Religionsgelehrten bedeuten: „Komm Scheich und trink den Wein,/Den es im Paradies nicht gibt."[292] Auf der anderen Seite geht es natürlich um mehr als um ein Trinkgelage: Betrunkenheit kann bei Ḥāfiẓ auch „Trunkenheit" aus Liebe und Enthusiasmus bedeuten. Genauso hat Goethe das Motiv gestaltet:

> Sie haben wegen der Trunkenheit
> Vielfältig uns verklagt,
> Und haben von unsrer Trunkenheit
> Lange nicht genug gesagt.
> Gewöhnlich der Betrunkenheit
> Erliegt man bis es tagt;
> Doch hat mich meine Betrunkenheit
> In der Nacht umher gejagt.
> Es ist die Liebestrunkenheit,
> Die mich erbärmlich plagt,
> Von Tag zu Nacht, von Nacht zu Tag
> In meinem Herzen zagt.
> Dem Herzen, das in Trunkenheit
> Der Lieder schwillt und ragt

291 Wagner, a.a.O., Bd. II, S. 44.

292 Schamlu: Hafeze Schiraz, S. 231.

Daß keine nüchterne Trunkenheit
Sich gleichzuheben wagt.
Lieb-, Lied- und Weines Trunkenheit,
Obs nachtet oder tagt,
Die göttlichste Betrunkenheit,
Die mich entzückt und plagt. (GSW I/3,1, 107/108)

Das lyrische Ich bemängelt, wegen „Betrunkenheit“ angeklagt worden zu sein. Dabei ist Trunkenheit mehrdimensional. Sie ist gleichermaßen durch „Liebe“, „Gesang“ und „Wein“ entstanden. Zwar entsprang diese „Trunkenheit“ nicht der Liebe zu Gott, sie zielt auch nicht auf Vereinigung mit ihm, und dennoch wird ihr das Qualitätsurteil „göttlich“ zugesprochen. Die Dogmatiker und Religionsgelehrten übersehen diese Mehrdimensionalität und reduzieren das Phänomen des Rausches auf seinen profansten Aspekt.

Auf Heines Trinkgedicht „Im Hafen“ wurde bereits in Kapitel zwei eingegangen. Im Gegensatz zu Goethe behandelt Heine das Thema Trinken nur marginal: „Im Hafen“ ist das einzige Trinklied, das er verfaßt hat. Hier soll es nicht noch einmal zitiert werden. Jedoch sei, zum Vergleich, die Übersetzung eines alten persischen mystischen Wein-Gedichtes zitiert, das, ähnlich wie Heines Gedicht, das Glas Wein zum Mikrokosmos erklärt:

Erglänzen vom Wein die Pokale?
Sind's Wolken im Sinnenglanzstrahle?
So rein sind und zart Wein und Gläser,
Daß eins scheinen Trank dir und Schale.
Ist alles denn Glas, ist der Wein nichts?
Ist's Wein, der das Glas überstrahle?
Wenn Sonne die Lüfte erfüllet,
Verschmelzen der Glanz und das Fahle,
Versöhnen der Tag und die Nacht sich,
Daß Ordnung der Welt nun erstrahle.
Kannst Nacht nicht und Tag unterscheiden,
Noch Wein oder Becher beim Mahle!
Begreife durch Wein und durch Becher,
Das Wasser des Lebens im Tale!
Enthüllung der Schleier des Wissens
Wie Nacht sich und Taglicht dir male!
Wird dies aus dem Wort dir nicht deutlich,
Von Anfang zum anderen Male,
So suche das Welt-Glas, dann klärt sich
dem Geist dieses Rätsel im Strahle:

Daß Er alles ist, was besteht -
Freund, Herz, Seele, Glaube, Gebet![293]

Hier ist das Glas Wein „Welt-Glas“, in dem sich die Zusammenhänge der Erscheinungen klären. Gleichzeitig sind Wein und Glas Chiffren sowohl für die Dualität von Körper und Seele als auch von Liebendem und göttlichem Geliebten. Der Rauschzustand durch den Weingenuß löst das „Rätsel im Strahle“: Im Grunde ist alles Gott und alles Eins. Außen und innen, Urbild und Abbild sind nicht mehr zu unterscheiden.

Heines Gedicht weist viele Parallelen, aber auch entscheidende Unterschiede auf: Auch bei ihm spiegelt sich die Außenwelt im Glas Wein, auch er findet des Rätsels Lösung im Rauschzustand, auch bei ihm ist am Ende nicht mehr deutlich, was „außen“ und was „innen“ ist. Niemals aber wird eine *unio mystica* beschrieben. Statt dessen wird Tranzendentes auf den „Geist des Weines“ zurückgeführt und parodiert. Darauf ist oben bereits hingewiesen worden.

Die Motivvariationen des „Divan“ kreisen alle um „Rausch“ oder „Trunkenheit“.[294] Sowohl Goethe als auch Heine kontrastieren „Trunkenheit“ mit „Nüchternheit“. Drei Ursachen kann der Rausch haben: Liebesleidenschaft, dichterischer „Wahnsinn“ oder Alkoholgenuß. „Trunkenheit“ ist zwar nicht mystisch-allegorisch zu deuten, doch weist sie bei Goethe durchaus bewußtseinserweiternde, belebende Züge auf. Bei Heine handelt es sich wirklich um Betrunkenheit; die damit einhergehenden Visionen sind nicht bewußtseinserweiternd, sondern grotesk-komisch. Im Rausch ist der Mensch „außer sich“. Indem der Orient zum Ort der Rauscherfahrung wird, ist er einmal mehr Ort der Entgrenzung: Er ermöglicht nicht nur, sich von der eigenen Kultur zu distanzieren, sondern gewährleistet auch ein Aus-sich-Heraustreten. So wird der Orient zum Ort, an dem das eigene Andere in Erscheinung treten kann.

Zum Abschluß des Themenkomplexes „Lieben, Trinken, Singen“ soll die Ausgangsfrage nach der Reduzierung auf wenige Themenkomplexe noch einmal aufgenommen werden. Jetzt zeigt sich, daß sowohl Goethe als auch Heine einige Aspekte dieser Art des Orientalismus bestätigen. Dies geschieht vor allem dann, wenn es um Erotik und Sexualität geht. Beide Dichter reproduzieren gängige Klischees, indem sie Sinnlichkeit mit Grausamkeit und Despotismus koppeln und in den Orient verlagern, genau so, wie es Said als für den Orientalismus charakteristisch beschreibt. Dabei ist es gleichgültig, ob es sich um geistig-platonische oder eher sado-masochistisch konnotierte Phantasien handelt. Typisch für orientalischen Sex ist die Ambivalenz zwischen Verführung und Bedrohung und die Gipfelung des Liebesverhältnisses im Liebestod. Tatsächlich bestätigt sich hier Saids Unterscheidung zwischen „latentem“ und „manifestem“ Orientalismus. Die

293 Vgl. Schimmel, a.a.O., S. 497/98, nach: E.G. Browne: A Literary History of Persia, Bd. 3, S. 130.

294 Zwar wird von keinem der Dichter der Gebrauch von Rauschmitteln thematisiert, doch reproduzieren sie indirekt den Diskurs, der Orient häufig mit Opium, Haschisch und anderem assoziiert.

orientalische Erotik manifestiert sich in einer Reihe von Variationen. Latent drückt sich aber im gemeinsamen Motiv des Liebestodes ein grundlegender Zug orientalischer Erotik aus, der als destruktiv und zerstörerisch gekennzeichnet wird. In der Beschreibung orientalischer Erotik zeigt sich der Versuch einer „Domestizierung des Exotischen" in all seiner Ambivalenz.

Mit den übernommenen Zeichen verfahren jedoch beide Dichter innovativ. Sie variieren sowohl Quellentexte als auch Vorlagen der Zeitgenossen. Goethe verwendet weniger orientalisierendes „Bildmaterial" als Heine, um seinen Gedichten Lokalkolorit und exotisches Flair zu verleihen. Er arbeitet statt dessen mit Verknappung und Reduzierung. Auch bei ihm läßt sich das Motiv des „Glanzes", das nach Said immer mit „Orientalischem" verknüpft ist, nachweisen –, doch wird nicht der fremde Ort mit Glanz und Prunk ausstaffiert, sondern der Dichter selbst. Sonnen- und Lichtmetaphorik nimmt „Hatem" für sich allein in Anspruch („Behramgur", „Die Sonne kommt", „An vollen Büschelzweigen", „Hochbild") –, wie so oft spart Goethe nicht mit Selbstlob.[295] Licht als Abbild des Göttlichen ist ihm das höchste „irdische" Vergleichsbild. Im „Buch der Sprüche" heißt es: „Dunkel ist die Nacht, bei Gott ist Licht".[296]

Heine hingegen schmückt seine Gedichte mit zahlreichen orientalischen Ornamenten aus, wobei er sie jedoch immer als Fiktion kennzeichnet: Im Gegensatz zu Goethe arbeitet Heine weniger stark mit fingierter Authentizität. „Glanz" ist ein Merkmal seiner Lyrik.[297] Während Goethe mit Verknappung arbeitet, mit Reduzierung auf geistige Motive und Stilisierung von Typen, setzt Heine oft orientalisierend-schmückende Elemente ein. Diese bewirken ein ausgesprochen orientalistisch-exotistisches Lokalkolorit, das bei Goethe weniger deutlich hervortritt. Doch kennzeichnet Heine diese Mittel immer als dem Bereich von Phantasie und Traum bzw. Utopie angehörig – und bestätigt damit *nicht* die von Said kritisierte orientalische Phantasie-Welt, statt dessen entlarvt er sie als Konstrukt.

295 Vgl. Fuchs-Sumyoshi, a.a.O., S. 91.

296 GSW I/3,1, 69.

297 Eine Ausnahme stellt das Gedicht „Der Asra" dar, in dem auf Ausschmückungen weitgehend verzichtet wird.

Zusammenfassung

Beide, Goethe wie Heine, wenden sich mit Wißbegierde und Sehnsucht dem Orient zu. Ganz unterschiedlich sind jedoch die Produkte, die aus der Beschäftigung mit der Fremdkultur hervorgehen. Beide Dichter wahren die binäre Struktur von Eigenem und Fremden, eine Synthese findet nicht statt. Goethe richtet den Blick auf das Gleiche im Anderen. Differenzen werden zweitrangig gegenüber dem „Schönen und Guten", das er in allen Kulturen gleichermaßen zu entdecken vermag. Das Bewegen „zwischen den Welten" dient ihm zur Aneignung und Verbreitung der essentiellen Wahrheiten. Um die idealtypische „Gleichheit" aber tatsächlich darstellen zu können, bedarf es der vorherigen „Angleichung" des vorgefundenen Materials. Seine Identifikation beruht auf Projektion, deshalb selektiert Goethe, glättet und paßt das Fremde an den eigenen Maßstab an. Anders Heine, stets betont er die Differenz. Die Diskrepanz zwischen Orient und Okzident entspricht bei ihm dem Verhältnis zwischen Realität und Traum, zwischen Illusion und Desillusionierung, zwischen Wahrheit und Täuschung. Heine stellt nicht das Andere heraus, sondern entlarvt dessen Darstellung als Illusion, als bloße Verfremdung eigener Anteile unter orientalischer Maske. Nicht die Möglichkeit fruchtbarer Begegnung zwischen der eigenen und der fremden Kultur an sich, sondern die Stereotypisierungen der Zeitgenossen, die den Orient-Diskurs führten, wird dekonstruiert.

Die Werke beider Dichter spiegeln eine Reihe von Ideen zeitgenössischer Theorien. Goethe faßt die diversen Strömungen (Sympathie, Einfühlung, Vernunft, Analogiedenken, Monogenese etc.) im „Divan" zu einer Einheit zusammen. Durch Zusammenschau von Urzeit und Jetztzeit in einem orientalischen *tableau vivant* weist Goethes Orient-Bild Strukturanalogien zum Mythos auf. Heine dagegen verarbeitet den Zeitgeist nicht in der Absicht, ihn zu verbreiten, sondern ihn zu parodieren. Entgegen der Ansicht Saids greifen die Dichter vorgefundenes Material nicht einfach nur auf, um orientalistische Weisheiten zu unterminieren, sondern sie greifen selbst aktiv in den Orient-Diskurs ein. Heine und Goethe kommen dabei zu unterschiedlichen Ergebnissen. Läßt Goethe das Eigene und das Fremde als zwei voneinander getrennte Entitäten stehen, verweist Heine auf Überlagerungen, indem er die eigenen Anteile in der Wahrnehmung des Fremden aufzeigt. Jede positiv formulierte Aussage, die sowohl Fremdes als auch Eigenes als unveränderliche Einheiten beschreibt, wird deshalb von Heine als relativ gekennzeichnet und dekonstruiert.

Beide Dichter bestätigen die Aussage Saids, daß die „Reise" ein persönliches Unterfangen darstelle. Beide nennen ihr Unternehmen „Flucht" in den Orient. Beide sind dabei keineswegs nur rezeptiv, sondern selbst aktiv-konstruktiv im Aufbau eines eigenen „Zufluchts-Orients" beteiligt. Deshalb ist es falsch, bei ihnen von einem reinen „Eskapismus" als einer Sonderform des Exotismus zu sprechen, wie dies Reif tut. Für Reif bedeutet Eskapismus eine Kompensationsstrategie, um mit frustrierender Erfahrung von Entfremdung fertig zu werden.[298] Eskapismus sei ein Komplementärphämomen der bürgerlichen Industriegesellschaft. Goethes „Divan" wie auch manche Gedichte Heines weisen tatsächlich exotistische und eskapistische Tendenzen auf. Reif übersieht jedoch, daß die Dichter nicht nur reagieren, sie agieren auch. Deshalb kann man bei ihnen nicht nur von „Nostalgie" und bloßer Rückwendung sprechen. Ihre Konzepte sind vielmehr beide zukunftsorientiert; wenn sie sich der Vergangenheit zuwenden, so geschieht es der um der Orientierung und der Zukunft willen.

Die Motive, die sie zur „Flucht" in den Orient veranlassen, sind jedoch bei beiden Dichtern ganz und gar unterschiedlich. Geht es Goethe um Erfüllung eines ästhetischen Programms, so zielt Heines Flucht auf die Sicherung der Existenz. Goethes Maßstab ist ästhetischer, derjenige Heines darüber hinaus auch politischer Natur. Ihre unterschiedlichen Maßstäbe erweisen sich an der Bewertung des Vorgefundenen: So lehnt Goethe die islamische Dogmatik deshalb ab, weil sie die dichterische Phantasie beschränke. Heine hingegen kritisiert die Reconquista wegen ihrer Gewaltherrschaft über Andersgläubige. Ist Goethes Ästhetik „reine Kunstauffassung", so ist auch sein Orient-Bild reines Kunstprodukt, das mit empirisch erfahrbarer Realität wenig gemein hat. Der Orient wird zum Meta-Symbol und dient der Anschauung Goethe'scher Ästhetik. Zwar verfolgt auch Heine ästhetische Konzepte, doch sind diese mit seiner Lebenswirklichkeit verknüpft und stehen mit ihr in wechselseitigem Austausch. Dies zeigt sich sowohl inhaltlich – etwa im Motiv der Konvertierung als Grenzüberschreitung – wie auch formalästhetisch – in der Übernahme der chiffrierten Schreibweise der islamischen Mystiker, um politische Zensur zu unterlaufen. Goethes Orient-Bild entspricht das Symbol als geschlossenes, autonomes Ganzes. Weil es essentielle, unveränderliche Wahrheiten birgt, ist es statisch. Zwar bezeichnet Goethe im Kapitel „Künftiger Divan" sein vorliegendes Werk als „unvollkommen" und äußert den Wunsch, ihm „die gebührende Vollständigkeit nach und nach zu verleihen",[299] doch ist hier Unvollständigkeit nicht im Sinne einer Ästhetik des offenen Kunstwerkes zu deuten, das sich zu seiner Relativität bekennt und bewußt den Anspruch auf Wiedergabe von absoluter Wahrheit verweigert. Die gewünschten Ergänzungen sollen sich alle innerhalb des bereits umrissenen Ganzen bewegen. Die entscheidenden Aussagen, die Charakter und Eigenschaften des Orients betreffen, werden dabei nicht in Frage gestellt. Gewünscht sind lediglich neue Variationen über das alte Thema sowie Ergänzungen innerhalb des gesteckten Rahmens. Anders verhält es sich bei Heine. Ironie verweigert die endgültige Synthese. Alle seine Orient-Bilder sind relativ und vorläufig, offen und anpassungsfähig. Sie legen nicht fest, sondern eröffnen Möglichkeiten. Der Orient ist nicht in eine einzige symbolische Ganzheit zu pressen –, im Gegenteil, er entzieht sich der abschließenden Definition. Jede Charakterisierung wird gleich wieder hinterfragt, ja vernichtet. So eignet sich der

298 Reif: Zivilistionsflucht und literarische Wunschräume. Der Exotistische Roman im ersten Viertesl des 20. Jahrhunderts, Saarbrücken 1973, S. 13.

299 GSW I/3,1, 199.

Orient als Chiffre für die eigene Fremdheit. Heine beschränkt sich auf die Desillusionierung und Entlarvung der vorgefundenen Klischees und Stereotype. Alternative Möglichkeiten des Kulturkontaktes zeigt er nicht auf. Jedoch stellt seine Dekonstruktion der Projektionen einen ersten Schritt dar, der es durchaus ermöglicht, mit einem real existenten Orient in Beziehung zu treten.

Innerhalb des Themenbereiches „Erotik" wird besonders deutlich, daß beide Dichter den Orientalismus in bestimmten Aspekten bestätigen. Wenn sich Goethe und Heine von mystischen Praktiken und Theorien auch weitgehend distanzieren, verfallen sie, bis zu einem gewissen Grade, doch exotistischen Tendenzen, die im weitesten Sinne als „mystisch" bezeichnet werden können, jedoch aus der Bindung an eine Transzendenz gelöst sind. Exotismus kann dabei als eine Art Profanisierung von Mystik gelten. Als Exotisten projizieren sich Goethe und Heine zwar nicht in eine jenseitige Welt, dafür aber in vergangene Zeiten und fremde Räume. Nicht die *unio mystica,* sondern eine andere, nämlich die erotische, Vereinigung ist ihr Ziel. Der Wunsch nach erotischer Erfahrung ist gekoppelt an existentielle „Grenzüberschreitung", die in ihrer Rauschhaftigkeit an mystisches Erleben erinnert.

Saids Unterscheidung zwischen „latentem" und „manifestem" Orientalismus ist, zumal in Bezug auf das Thema Erotik, erhellend: Tatsächlich präsentieren beide Dichter verschiedene Variationen und Spielarten des Themas. Es zeigt sich jedoch, daß den diversen Gestaltungen strukturelle Ähnlichkeiten zugrunde liegen: Orientalische Erotik ist latent durch die Ambivalenz von Bedrohung und Verführung gekennzeichnet, wobei die Destruktivität der Liebe im „Liebestod" siegt.

Said bemängelt, daß die persönliche Komponente des jeweiligen fiktiven Konzeptes „unausweichlich in eine Position [drängt], die den Orient mit einer Phantasie gleichsetzt, selbst wenn diese ästhetisch von sehr hoher Ordnung ist".[300] Dieser Vorwurf ist einseitig. Gewiß ist jede Darstellung des Orients durchtränkt von Phantasie und Imagination. Der Unterschied zwischen Texten mit dem Anspruch, empirisch erfahrbare Realität zu beschreiben, und imaginären Texten ist dabei oft gar nicht groß.[301] Dies ist jedoch nur eine Seite. Bei der literarischen Auseinandersetzung mit dem Orient handelt es sich um einen vielschichtigen Prozeß aus Rezeption und Produktion. Dabei werden eigene Theorien und Konzepte durch Übernahme von Orientalischem nicht nur angereichert, sondern auch verändert. In der Produktion findet „Verfremdung" statt. Es ensteht etwas Neues, das nicht nur Wiedergabe des Realen, weder des Eigenen noch des Fremden, bedeutet. Das Andere, selbst, wenn es durch Rezeptionsprozesse (Übersetzung, etc.) verfremdet ist, führt zur Verfremdung des Eigenen und damit zu etwas Neuem.

300 Said, a.a.O., S. 200.

301 Vgl. Kapitel zwei und die Wissenschaftstheorien z.B. der Linguisten des 18. und 19. Jahrhunderts.

Literaturverzeichnis

Primärliteratur

Goethe, Johann Wolfgang: Sämtliche Werke. Briefe, Tagebücher und Gespräche, 40 Bände, 1985–1994, daraus:

–: West-östlicher Divan. Hg. von Hendrik Birus, Bd. I/3,1 und I/3,2, Frankfurt am Main 1994.

–: Dichtung und Wahrheit. Hg. von Klaus-Detlef Müller, Bd. I/14, Frankfurt am Main 1986.

–: Tag- und Jahreshefte. Hg. von Irmtraud Schmid, Bd. I/17, Frankfurt am Main 1994.

–: Briefe, Tagebücher, Gespräche. Hg. von Rose Unterberger, Bd. II/6, Frankfurt am Main 1993.

–: Briefe, Tagebücher, Gespräche. Hg. von Horst Flaig, Bd. II/10, Frankfurt am Main 1993.

Heine, Heinrich: Historisch-kritische Gesamtausgabe der Werke. Hg. von Manfred Windfuhr, Bände I-XI, Hamburg 1975–1993.

–: Säkularausgabe. Werke, Briefwechsel. Lebenszeugnisse. Hg. von den Nationalen Forschungs- und Gedenkstätten der klassischen deutschen Literatur in Weimar und dem Centre National de la Recherche Scientifique, daraus:
Briefe 1815–1831. Bearbeiter Fritz H. Eisner, Bd. 20, Berlin/Paris 1970.

–: Zeitungsberichte über Musik und Malerei. Hg. von M. Mann, Frankfurt am Main 1964.

Herder, Johann Gottfried: Ideen zur Philosophie der Geschichte der Menschheit. In: Sämtliche Werke. Hg. von Bernhard Suphan, Bd. XIII, Berlin 1892.

Nizami Gangawi, Ilyas Ibn-Yusuf: Leila und Madschnun, Zürich 1963.

Novalis: Schriften. Hg. Paul Kluckhohn und Richard Samuel, Bände I-VI, Darmstadt 1960–1988.

Rückert, Friedrich: Ausgewählte Werke. Hg. von Annemarie Schimmel, Frankfurt am Main 1988.

Schlegel, Friedrich: Kritische Ausgabe. Hg. von Ernst Behler, Bände I-XXXV, Paderborn/München/Wien 1967–1995.

–: Prosaische Jugendschriften. Hg. von J. Minor, Bände I-II, Wien 1882.

Stendhal: Über die Liebe. Vollständige Ausgabe. Aus dem Französischen und mit einer Einführung von Walter Hoyer, Frankfurt am Main 1987.

Stieglitz, Heinrich: Bilder des Orients. 4 Bde., Leipzig 1831–33.

Sekundärliteratur

Abdel-Rahim, Said H.: Goethe und der Islam, Augsburg 1969.

Ammann, Ludwig: Östliche Spiegel. Ansichten vom Orient im Zeitalter seiner Entdeckung durch den deutschen Leser 1800–1850, Hildesheim/Zürich/New York 1989.

Arberry, Arthur John: An Introduction to the History of Sufism, London 1942.

–: Classical Persian Literature, London 1958

Atkins, Stuart: The function of exotic in Heine's later poetry. In: Conaissance de l'étranger. Mélanges offerts à la mémoire de J.-M. Carré, Paris 1964.

Behler, Ernst: Das Indienbild in der Romantik. In: Germanisch-Romanische Monatsschrift, Bd. 18, 1968.

Bergmann, Christian: Zerrissenheit. Überlegungen zum romantischen Thema des Identitätskonfliktes. In: Akten des VIII. Internationalen Germanisten-Kongresses. Begegnung mit dem „Fremden": Grenzen – Traditionen – Vergleiche. Hg. von Eijiro Iwasaki, Bd. 2, München 1991.

Benachenhou, Abdelhamid: Goethe und der Islam. In: Araber und Deutsche, Tübingen 1974.

Birkenbiehl, Michael: Die orientalischen Elemente in der Poesie Heinrich Heines. In: Analecta Germanica, Bamberg 1906.

Birus, Hendrik: Vergleichung. Goethes Einführung in die Schreibweise Jean Pauls, Stuttgart 1986.

Bitterli, Urs: Die Wilden und die Zivilisierten. Grundzüge einer Geistes- und Kulturgeschichte der europäisch-überseeischen Begegnung, München 1976.

Blachère, Régis: Histoire de la Littérature Arabe des Origines à la fin du XVe siècle de J.-C., Paris 1952

Bodmer, Daniel: Die Granadinischen Romanzen in der europäischen Literatur. Untersuchung und Texte, Zürich 1955.

Bolen, Carl van: Erotik des Orients. Eine Darstellung der orientalischen Hochkulturen, München 1965.

Brie, Friedrich: Exotismus der Sinne. Eine Studie zur Psychologie der Romantik, Heidelberg 1920.

Briegleb, Klaus: Opfer Heine? Versuche über Schriftzüge der Revolution, Frankfurt am Main 1986.

Brockelmann, Carl: Geschichte der arabischen Literatur, Weimar 1898 f.

Bürgel, Johann Christoph: Drei Hafis-Studien, Bern/Frankfurt am Main 1975.

–: „Wie zu lieben und zu trinken". Zum Hafis-Verständnis Goethes. In: J.W. Goethe. Fünf Studien zum Werk. Hg. von Anselm Maler, Bern/Frankfurt am Main 1983.

Dill, Christa: Wörterbuch zu Goethes West-östlichem Divan, Tübingen 1987.

Djait, Hichem: Europe and Islam, Berkeley/California 1985.

Eickhölter, Manfred: Die Lehre vom Dichter in Goethes Divan, Hamburg 1984.

Erke-Sonnabend, Ulrich: Orientalische Fremde, Bochum 1987.

Fairley, Barker: Heine, Goethe and the Divan. In: German Life and Letters. Vol. IX, Oxford 1955/56.

Fendri, Mounir: Halbmond, Kreuz und Schibboleth: Heinrich Heine und der islamische Orient, Hamburg 1980.

Fingerhut, Karlheinz: Spanische Spiegel. Heinrich Heines Verwendung spanischer Geschichte und Literatur zur Selbstreflexion des Juden und Dichters. In: Heine-Jahrbuch 1992. Hg. von Joseph A. Kruse, Hamburg 1992.

Fischer, Paul: Goethe-Wortschatz. Ein sprachgeschichtliches Wörterbuch zu Goethes sämtlichen Werken, Leipzig 1929.

Fischer-Lamberg, Hanna: Zu Goethes Koran-Auszügen. In: Beiträge zur Goethe-Forschung. Hg. von Ernst Grumbach, Berlin 1959.

Foucault, Michel: Wahnsinn und Gesellschaft. Eine Geschichte des Wahns im Zeitalter der Vernunft, Frankfurt am Main 1969.

Freytag, Georg Wilhelm Friedrich: Darstellung der arabischen Verskunst, Neudruck der Ausgabe von 1830, Osnabrück 1968.

Fück, Johann: Die arabischen Studien in Europa, Leipzig 1955.

Fuchs-Sumyoshi, Andrea: Orientalismus in der deutschen Literatur, Hildesheim/Zürich/New York 1984.

Galley, Eberhard: Heinrich Heine, Stuttgart 1967.

Giesen, Bernhard (Hg.): Nationale und kulturelle Identität. Studien zur Entwicklung des kollektiven Bewußtseins in der Neuzeit, Frankfurt am Main 1991.

Goldammer, Kurt: Der Mythos von Ost und West. Eine kultur- und religionsgeschichtliche Betrachtung, München/Basel 1962.

Grunebaum, Gustav E. von: Kritik und Dichtkunst. Studien zur arabischen Literaturgeschichte, Wiesbaden 1955.

Haas, Hans: Das Bild Muhammeds im Wandel der Zeiten. In: Zeitschrift für Missionskunde und Religionswissenschaft, Jg. 31, Berlin 1916.

Hammer-Purgstall, Joseph von: Der Divan von Mohammed Schamseddin Hafis, II Bde., Stuttgart und Tübingen, 1812/13.

Hammo, Ahmed: Die Bedeutung des Orients bei Rückert und Platen, Freiburg 1971.

Hardiyanto, Soegeng: Zwischen Phantasie und Wirklichkeit. Der Islam im Spiegel des deutschen Denkens im 19. Jahrhundert, Frankfurt am Main 1992.

Hessmann, Pierre, Heinrich Heine und Gérard de Nerval. In: Studia Germanica Gaudensia, Vol. 5, Genf 1963.

Hörner, Karin: Das Islam-Bild der Deutschen. Von Goethe bis Karl May. In: Die Welten des Islam. Hg. von Gernot Rotter, Frankfurt am Main 1993.

Hofmann, Inge/Vorbichler, Anton: Das Islam-Bild bei Karl May und der islamo-christliche Dialog. Wien 1979.

Hottinger, Arnold: Der islamische Orient im Zeitalter des Kolonialismus. In: Islam und Abendland. Geschichte und Gegenwart. Hg. von André Mercier, Bern/Frankfurt am Main 1976.

Hourani, Albert: Der Islam im europäischen Denken, Frankfurt am Main 1994.

Hultsch, Paul: Der Orient in der deutschen Barockliteratur, Breslau 1938.

Ilery, Esin: Goethes West-östlicher Divan als imaginäre Orient-Reise, Frankfurt am Main 1982.

Ihekweazu, Edith: Goethes West-östlicher Divan. Untersuchungen zur Struktur des lyrischen Zyklus, Hamburg 1971.

Johansen, Baber: Politics and scholarship. The development of Islamic studies in the Federal Republic of Germany. In: Middle East studies. Hg. von Tareq Y. Ismael, New York 1990.

Kaiser, Gerhard: Augenblicke deutscher Lyrik, Frankfurt am Main 1987.

–: Geschichte der deutschen Lyrik von Goethe bis Heine. 3 Bde., Frankfurt am Main 1988.

Kanowsky, Walter: Vernunft und Geschichte. Heinrich Heines Studium als Grundlegung seiner Welt- und Kunstanschauung, Bonn 1975.

Kircher, Hartmut: Heine und das Judentum. Bonn 1973.

Kochwasser, Friedrich/Roemer, Hans R. (Hrsg.): Araber und Deutsche. Begegnungen in einem Jahrtausend, Tübingen/Basel 1974.

Koebner, Thomas/Pickerodt, Gerhart (Hrsg.): Die andere Welt. Studien zum Exotismus, Frankfurt am Main 1987.

Konrad, Gustav: Form und Geist des West-östlichen Divan. In: Germanisch-Romanische Monatsschrift. Neue Folge Bd. I, 1950/51.

Korff, Hermann August: Die Liebesgedichte des West-östlichen Divan, Leipzig 1947.

Krüger-Westend, Hermann: Goethe und das Arabische. In: Goethe-Jahrbuch 24, Weimar 1903.

Kristeva, Julia: Fremde sind wir uns selbst, Frankfurt am Main 1990.

Krusche, Dietrich/Wierlacher, Alois (Hrsg.): Hermeneutik der Fremde, München 1990.

Kurz, Paul Konrad: Künstler, Tribun, Apostel. Heinrich Heines Auffassung vom Beruf des Dichters, München 1967.

Kuttenkeuler, Wolfgang: Heinrich Heine. Theorie und Kritik der Literatur, Stuttgart 1972.

Lentz, Wolfgang: Goethes Noten und Abhandlungen zum West-östlichen Divan, Hamburg 1958.

Lohner, Edgar (Hg.): Studien zum West-östlichen Divan Goethes, Darmstadt 1971.

Lommel, Monika: Der Orient, China und die klassische Poetologie in Goethes Spätwerk. In: Akten des VIII. Internationalen Germanisten-Kongresses. Begegnung mit dem „Fremden“: Grenzen – Traditionen – Vergleiche. Hg. von Eijiro Iwasaki, Bd. 7, München 1991.

–: Poetologie in Goethes West-östlichem Divan, Heidelberg 1987.

Luhmann, Niklas: Inklusion und Exklusion. In: Nationales Bewußtsein und kollektive Identität. Studien zur Entwicklung des kollektiven Bewußtseins in der Neuzeit. Hg. von Helmut Burding, Frankfurt am Main 1994.

Marcuse, Ludwig: Heinrich Heine in Selbstzeugnissen und Bilddokumenten, Hamburg 1960.

Magill, Daniela: Literarische Reisen in die exotische Fremde, Frankfurt am Main 1989.

Minor, Jakob: Goethes Mahomet. Ein Vortrag (am 25. Mai 1907 bei der Generalversammlung der Goethe-Gesellschaft in Weimar gehalten), Jena 1907.

Mommsen, Katharina: Goethe und die arabische Welt, Frankfurt am Main 1982.

–: Goethe und 1001 Nacht, Frankfurt am Main 1981.

–: Die Barmekiden im West-östlichen Divan. In: Goethe. Jahrbuch der Goethe-Gesellschaft, Bd. 14/15, Weimar 1953.

–: Goethe und die Moallakat. Sitzungsberichte der Deutschen Akademie der Wissenschaften zu Berlin. Klasse für Sprachen, Literatur und Kunst, Jg. 1960, Nr. 2, Berlin 1961.

–: Goethe und Diez. Quellenuntersuchungen zu Gedichten der Divan-Epoche, Berlin 1961.

–: Goethes Bild vom Orient. In: Der Orient und die Forschung. Festschrift für Otto Spiess. Hg. von Wilhelm Hoenerbach, Wiesbaden 1967.

–: Die Bedeutung des Korans für Goethe. In: Goethe und die Tradition. Hg. von Hans Reiss, Frankfurt am Main 1972.

Mommsen, Momme: Studien zum West-östlichen Divan, Berlin 1962.

Muschg, Adolf: Goethe als Emigrant, Frankfurt am Main 1986.

Paret, Rudi: Mohammed und der Koran. Geschichte und Verkündigung des arabischen Propheten, Stuttgart 1957.

– (Hg.): Der Koran. Übersetzung von Rudi Paret, Stuttgart/Berlin/Köln/Mainz 1962.

Peters, George F.: So glücklich, so hingehaucht, so ätherisch. Heines Beurteilung des „West-östlichen Divan“. In: Heine Jahrbuch 1993. Hg. von Joseph A. Kruse, Hamburg 1983.

Pfeifer, Christiane Barbara: Heine und der islamische Orient, Wiesbaden 1990.

Pickerodt, Gerhard: Aufklärung und Exotismus. In: Die andere Welt. Studien zum Exotismus. Hg. von Thomas Koebner/Gerhard Pickerodt, Frankfurt am Main 1987.

Prawer, S.S.: Heine's Jewish Comedy, Oxford 1983.

Praz, Mario: Liebe, Tod und Teufel. Die schwarze Romantik, München 1963.

Preisendanz, Wolfgang: Die Spruchform in der Lyrik des alten Goethe und ihre Vorgeschichte seit Opitz, Heidelberg 1952.

Pyritz, Hans: Goethe und Marianne von Willemer, Stuttgart 1948.

Quasthoff, Uta: Soziales Vorurteil und Kommunikation - Eine sprachwissenschaftliche Analyse des Stereotyps, Frankfurt am Main 1973.

Reif, Wolfgang: Zivilisationsflucht und literarische Wunschräume, Stuttgart 1975.

Ritter, Hellmut: Das Meer der Seele. Mensch, Welt und Gott in den Geschichten des Fariduddin Attar, Leiden 1955.

Rodinson, Maxime: La fascination de l'islam, Paris 1980.

Roemer, Hans Robert: Probleme der Hafizforschung und der Stand ihrer Lösung, Wiesbaden 1951.

Rosenthal, Ludwig: Heinrich Heine als Jude, Frankfurt am Main/Berlin/Wien 1973.

–: Heinrich Heines Großoheim Simon von Geldern. Ein historischer Bericht mit dem bisher meist unveröffentlichten Quellenmaterial, Kastellaum 1978.
Rougement, Denis de: L'amour et l'Occident, Paris 1939.
Rückert, Friedrich: Ausgewählte Werke. Hg. von Annemarie Schimmel, II Bde., Frankfurt am Main 1988.
Schaeder, H.H.: Die persische Vorlage von Goethes „Seliger Sehnsucht". In: Ders.: Geistige Gestalten und Probleme, Leipzig 1942.
–: Goethes Erlebnis des Ostens, Leipzig 1938.
Said, Edward W.: Orientalismus, Frankfurt am Main 1981.
–: Kultur und Imperialismus. Einbildungskraft und Politik im Zeitalter der Macht, Frankfurt am Main 1994.
Scherer, Wingolf: Henri Heine und der Saint-Simonismus, Bonn 1950.
Schimmel, Annemarie: Mystische Dimensionen des Islam, München 1992.
–: West-östliche Annäherungen. Europa in der Begegnung mit der islamischen Welt, Stuttgart 1995.
–: Die Aneignung arabischer Literatur in der deutschen Klassik und Romantik. In: Araber und Deutsche, Tübingen 1974.
Schwab, Raymond: La Renaissance Orientale, Paris 1950.
Sénac, Philippe: L'image de l'autre. L'Occident médiéval face à l'Islam, Paris 1983.
Sezgin, Fuat: Geschichte des Arabische Schrifttums, V Bde., Leiden 1967 f.
Shaffer, E.S.: Kubla Khan and the Fall of Jerusalem, Cambridge 1975.
Solbrig, Ingeborg H.: Hammer-Purgstall und Goethe, Bern/Frankfurt am Main 1973.
Solms, Wilhelm: Goethes Vorarbeiten zum Divan, München 1977.
–: Interpretation als Textkritik. Zur Edition des West-östlichen Divan, Heidelberg 1974.
Sorensen, Bengt Algot: Symbol und Symbolismus in den ästhetischen Theorien des 18. Jahrhunderts und der deutschen Romantik, Kopenhagen 1965.
Spiess, Otto: Der Orient in der deutschen Literatur. II Bde., Kevelaer 1950/51.
Sothern, R.W.: Western views of Islam in the Middle Ages, Cambridge 1962.
Staub, Margret: Die spanische Romanze in der Dichtung der deutschen Romantik, mit besonderer Berücksichtigung des Romanzenwerkes von Tieck, Brentano und Heine, Hamburg 1970.
Storz, Gerhard: Heinrich Heines Lyrische Dichtung, Stuttgart 1971.
Strohschneider-Kohrs, Ingrid: Die romantische Ironie in Theorie und Gestaltung, Tübingen 1960.
Thieck, Jean-Pierrre: Passion d'Orient, Paris 1992.
Waardenburg, Jacques: L'islam dans le miroir de'l Occident. Comment quelques orientalistes occidentaux se sont penchés sur l'islam et se sont formé une image de cette religion; I. Goldziher, C. Snouck Hurgronje, C.H. Becker, D.B. Macdonald, Louis Massignon, Paris 1963.
Wagner, Ewald: Grundzüge der klassischen arabischen Dichtung, II Bde., Darmstadt 1988.
Waldenfels, Bernhard: Der Stachel des Fremden, Frankfurt am Main 1990.

Watt, William Montgomery: Der Einfluß des Islam auf das europäische Mittelalter, Berlin 1988.
Weidekampf, Ilse: Traum und Wirklichkeit in der Romantik und bei Heine, Leipzig 1932.
Wertheim, Ursula: Von Tasso zu Hafis. Probleme von Lyrik und Prosa des West-östlichen Divan, Berlin 1965.
Wilhelm, Friedrich: Das Indienbild Heinrich Heines. In: Saeculum Bd. X, 1959.
Windfuhr, Manfred: Heinrich Heine. Revolution und Reflexion, Stuttgart 1969.